梁启超家书

梁启超——著

中国纺织出版社

内 容 提 要

梁启超不仅是中国近代的思想家、政治家、史学家、文学家，他还是一位教育家，一位开明的父亲。梁启超共有9个子女：诗词研究专家梁思顺，建筑学家梁思成，考古学家梁思永、梁思忠，图书馆学家梁思庄，经济学家梁思达、梁思懿、梁思宁，火箭控制系统专家梁思礼，他们之所以能个个成才，与梁启超的言传身教、耳提面命息息相关。梁启超在给子女的信中，字字珠玑，饱蘸慈父之爱和人生指导，本书从保留至今的400封家书中甄选200封有关梁启超的为父之道和家风家教的家书以飨读者。

图书在版编目（CIP）数据

梁启超家书：典藏版 / 梁启超著. —北京：中国纺织出版社，2017.7（2023. 1重印）
ISBN 978-7-5180-3521-2

Ⅰ.①梁… Ⅱ.①梁… Ⅲ.①梁启超（1873-1929）—书信集 Ⅳ.①K825.1

中国版本图书馆CIP数据核字（2017）第081187号

策划编辑：郝珊珊　　责任印制：储志伟

中国纺织出版社出版发行
地址：北京市朝阳区百子湾东里A407号楼　邮政编码：100124
销售电话：010—67004422　传真：010—87155801
http：//www.c-textilep.com
E-mail：faxing@c-textilep.com
中国纺织出版社天猫旗舰店
官方微博http：//weibo.com/2119887771
佳兴达印刷（天津）有限公司印刷　各地新华书店经销
2017年7月第1版　2023年 1月第 3次印刷
开本：880×1230　1/32　印张：8
字数：147千字　定价：39.80元

前　言

梁启超不仅是中国近代的思想家、政治家、史学家、文学家，他还是一位教育家，一位开明的父亲。梁启超共有9个子女：诗词研究专家梁思顺（令娴），建筑学家梁思成，考古学家梁思永、梁思忠，图书馆学家梁思庄，经济学家梁思达、梁思懿、梁思宁，火箭控制系统专家梁思礼（1993年当选为中国科学院院士），他们之所以能个个成才，与梁启超的言传身教、耳提面命息息相关。梁启超在给子女的信中，字字珠玑，饱蘸慈父之爱和人生指导。

“你们须知你爹爹是最富于情感的人，对于你们的爱情，十二分热烈”，梁启超对孩子们的爱是发自肺腑的，情真意切，这样的表达在家书中随处可见，从他对孩子们的称呼中也可见一斑。对长女思顺，常亲切地称之“娴儿”“宝贝思顺”“顺儿”，小儿子思礼，常以“老白鼻”相称，对思宁以排行相称，呼为“六六”，甚至给思懿取外号“司马懿”。身为父亲，梁启超当然希望他们个个成才，但在孩子的健康与学习之间，他毫不犹豫地选择前者，他写信给孩子们，“汝必须顺承我意，若因

欲速以致病，是大不孝也。汝须知汝乃吾之命根，吾断不许汝病也”“我对于思成身子常常放心不下”。他希望思庄学生物，“我狠想你以生物学为主科，因为它是现代最进步的自然科学，而且为哲学社会学之主要基础，极有趣而不须粗重的工作，于女孩子极为合宜”，思庄不喜欢生物，没有接受父亲的建议，坚持学习文学，他并不强求，“凡学问最好是因自己性之所近，往往事半功倍，你离开我狠久，你的思想近来发展方向我不知道，我所推荐的学科未必合你的式，你应该自己体察做主，用姊姊哥哥当顾问，不必泥定爹爹的话”。

他不仅是位慈父，也是位严父。他关爱、呵护子女，也对其严格要求。他教育孩子们对生活保持积极进取的态度，“思庄英文不及格，绝不要紧，万不可以自馁。学问求其在我而已。”“我就怕因为徽音的境遇不好，把他牵动，忧伤憔悴是容易销磨人志气的（**最怕是慢慢的磨**）。即如目前因学费艰难，也足以磨人。但这是一时的现象，还不要紧，怕将来为日方长。我所忧虑者还不在物质上，全在精神上。我到底不深知徽音胸襟如何，若胸襟窄狭的人，一定抵当不住忧伤憔悴，影响到思成，便把我的思成毁了。你看不至如此吧！关于这一点，你要常常帮助着思成注意预防。总要常常保持着元气淋漓的气象，才有前途事业之可言。”“处忧患最是人生幸事，能使人精神振奋，志气强立”。他深知熟读古籍的重要性，在思成、思永因车祸住院时，仍写信不忘交代两兄弟“吾欲汝以在院两月中取《论语》《孟子》，温习谙诵，务能略举其辞，尤于其中有益修身之文句，细

加玩味。次则将《左传》《战国策》全部浏览一遍，可益神智，且助文采也。更有余日读《荀子》则益善。”他还劝告思成，做学问不要专于一门，“我愿意你趁毕业后一两年，分出点光阴多学些常识，尤其是文学或人文科学中之某部门，稍为多用点工夫。我怕你因所学太专门之故，把生活也弄成近于单调，太单调的生活，容易厌倦，厌倦即为苦恼，乃至堕落之根源。”他还告诉几个孩子，做学问要保持无所为的精神，“我生平最服膺曾文正两句话：‘莫问收获，但问耕耘。’将来成就如何，现在想他则甚？着急他则甚？一面不可骄盈自慢，一面又不可怯懦自馁，尽自己能力做去，做到那里是那里，如此则可以无入而不自得，而于社会亦总有多少贡献。我一生学问得力专在此一点，我盼望你们都能应用我这点精神。”种种道理就是这样在“润物细无声”的书信中潜移默化地影响着孩子们。

梁启超就像一位勤恳的园丁，辛苦耕耘，浇灌心血，最终收获丰硕果实，子女个个成才，故梁启超的为父之道和家风家教是留给后人的宝贵财富。

目　录

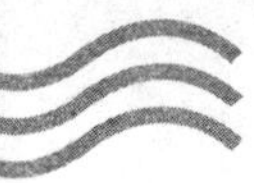

卷三 [1925.5.1–1926.6.5]

卷一

[1912.12.5–1918.12.10]

与娴儿书

人贵自立也

[1912年12月5日]

十二、十三号票皆收。

祖父南归一行，自非得已，然乡居如何可久？且亦令吾常悬悬望，仍以吾前书之意力请明春北来为要。

前托刘子楷带各物本有虾油、辣椒两篓（津中尤物也，北京无之），后子楷言放在车中恐有气味，为人所不喜（又小说两部呈祖父消闲），故已抽出矣。其中有摹本缎两段，乃赏汝两妹者，人各一套（问思庄何故写信与二叔而不与我？岂至今尚未得闲耶？汝三人将所赏衣服穿起照一相寄我）。其外国缎一段则赏汝者也。金器多两件赏汝，汝两妹亦各一件，此次汝姊妹所得独多，汝诸弟想气不分矣。然思成所得四书乃最贵之品也。可令其熟诵，明年侍我时必须能背诵，始不辜此大赉也。

吾游曲阜，可令山东都督办差（周督旬日前方来谒），张勋派兵护卫，吾亦极思挈汝行，稗汝一瞻圣迹（若国内一年内无乱事，吾又一年内可以不组织内阁，则极思挈汝偏游各省），但又不欲汝辍学耳。

津村先生肯别诲汝中央银行制度，大善，大善。惟吾必欲汝稍学宪法、行政法（宪法能讲比较尤妙），知其大意。经济学亦必须毕业，而各课皆须于三月前完了。试以商津村何如？经济学吾曾为汝讲生产论（诸师乞书，日内当寄），故此可稍略，交通论中之银行货币既有专课，尤可略，然则亦易了也。

荷丈月入已八百，尚有数部力邀彼往（其职约当前清之三品京堂），若皆应之，则千余金可得。而鼎父至今无着落（但今者报馆缺彼不可，印刷局在京，非彼莫辞也），汝诸表兄日日来嬲我求差事（小四、小八皆不自量，小八指缺，硬索已四五次矣），吾亦无能为助。甚矣，人贵自立也。

示娴儿。

饮冰　十二月五日

韩集本欲留读，因濒行曾许汝，故复以赍汝，吾又得一明刻本《李杜合集》，字大寸许，极可爱，姑以告汝，却不许撒娇来索（思成若解文学，则吾他日赏之）。

与娴儿书

汝须知汝乃吾之命根

[1912年12月16日]

十四、十五号禀均收。吾前为汝计学科，竟忘却财政学，可笑之至。且法学一面亦诚不欲太简略（国际法实须一学），似此

非再延数月不可，每来复十四小时大不可（来复日必须休息，且须多游戏运动），吾决不许汝如此。从前在大同学校以功课多致病（可与诸师商，每来复最多勿过十时，因自修尚费多时也，可述吾意告之，必须听言，切勿着急），吾至今犹以为戚，万不容再蹈覆辙，吾在此已习安，决无不便。汝叔沪行亦未定（此事须俟荷丈一到沪乃定），即行后，吾亦能自了，得汝成学，吾愿大慰，诸师既如此相厚，尤不可负，且归后决无从得此良师。

（第一纸可出示诸师）

今但当以汝卒业为度，不必计此，间请商诸师，若能缩短数月，固佳。否则径如前议，至明年九月亦无不可（一言蔽之，则归期以诸师之意定之），汝必须顺承我意，若因欲速以致病，是大不孝也。汝须知汝乃吾之命根，吾断不许汝病也。前已合寄四千，谓夙逋可耳，何尚须尔许耶？

此间已无存（有万金存定期，不能取出），本月收入须月杪乃到手，明日只得设法向人挪借，（若得）当电汇以救急耳。

子楷带去各物已收否？

祖父想已旋南耶。

示娴儿。

饮冰　十六夕

与娴儿书

吾每遇有拂意事，辄思汝耳

[1913年2月7日]

得陇谷书，大誉汝，谓试验之结果为彼邦男学生所不逮。试思我闻此，喜慰何如耶？恨遣汝就学太迟，时日太促，不能得大成耳。吾因汝前此曾因学致病，至今谈虎色变，故累信戒勿欲速，实则吾岂愿一日离汝哉？吾每遇有拂意事（**日来拂意事颇多，顷念汝切也**），辄思汝耳。

张将军勋昨专人来迎我，谓我若肯往，彼将率全军郊迎。吾今安能往（**为人所忌**）？只能以游孔林、游泰山为名，乃得一往耳。愿此游吾已许与汝偕矣。

国中大乱非久，且虽久恐终无此从容游燕之时也。

实则四月以后，无论局面如何，我身必卷入漩涡中，当天下极险艰之冲，断无复余暇以享家庭之乐，其时宜移家与否，尚在不可知之数耳。

言念及此，辄思东渡，度旧腊省视汝母及汝曹，作十日闲散，但此愿亦岂易偿者，姑妄言之而已。与人家国事无往而非困心衡虑之地，但终已不能忘天下，则茹荼啮药亦固其所耳。

我十年来实太自佚乐，今固宜受苦辛也。顷熊秉丈、潘若丈在此（若丈自吾归后，往来南北已三次，其坚苦卓绝，真可敬也）夜谈方散，已将拂晓矣。有所怅触，作书告汝，每得汝书或寄汝书，皆能减我苦痛也。

祖父书及汝书（姑丈书）皆极言达达之可爱，究竟其特别可爱者何在？能一言耶？

陇谷字写就另寄，写得颇用心（长泽、武田各一幅），可以报彼也。

思成字大进，今尚写《郑文公》耶？写五十本后可改写《张猛龙》。

孙慕韩日使之说此间无所闻，亦已两旬不晤彼矣。若果有此事，与言当易之耳。

顷为汝四表兄觅一官，想可成，此子真不才，顾不能生视其冻馁，冒耻为之请托耳。

蜕丈至今不至，今吾无以对冯华甫，亦吾拂意之一事也。

示娴儿。

正月二日　饮冰

与娴儿书

每周受业时间万不须加增

[1913年2月20日]

得禀知已受比较宪法及财政学，甚慰。可以吾命请于诸师，乞其于纯理方面稍从简略，于应用方面稍加详，能随处针对我国现象立论尤妙，即如比较宪法当多从立法论方面教授，其解释法理则简单已足，又宪法毕业后能一授政治学大略最妙，盖政治学本以宪法论占一大部，再讲舆论及政党之作用，与现在各国政治之趋势足矣。所费时间可不甚多，但不识能有此教师否耳？**惟功课虽增，每周受业时间万不须加增，宁可延归期一两月耳。吾极不欲过劳汝，惟念归后难得良师，故欲汝受此完全教育耳。**可出此书与津村先生商之，刀祢馆先生复以余暑授思成，可感之至。为我深道谢，并告思成勉学，毋负盛意也。

示娴儿。

饮冰　上元

续寄赠诸师之书想已收。

与娴儿书

名师不易得，岂可交臂失之

[1913年3月18日]

廿九号禀悉。决定六月中旬行，可也。名师不易得，岂可交臂失之，吾顷有事可做，意兴勃发，更不劳若曹为我解闷也（**吾字课废已兼旬，即此可知我意境，大约吾写字时必极无聊中也**）。吾非轻视私法，数年前且极好之（**得挈汝至须磨时，吾专治民法**）。特以时日不逮不得已而省略耳（**使早一年令汝就学，必可大成，然彼时又安有此力者**）。

且又审高商中，未必有良师也。今津村先生既谆谆不倦，悉遵其计划可也。惟不许每周增加时间致再酿病，宁可更延长一半月耳。

书林事未与汝德叔详谈，大权偕来亦可，届时吾必命任发往迎也。相片尚未至（信未到片已到，达达采有趣），急欲见之，计明日或至耶？

建部著《世界列国大势》尚未到，可催宝文或购来同寄，樋江龙峡著《近代思想之解剖》可购寄一部。吾月来饮酒不多，勿念。

闻往观楼颇复遥羡，惟春明花事亦渐盛，海棠芍药次第开。

行将绝赏，惜不与汝偕也。

三月十八日

吾去年复游存之骄文尚有存稿否？可检寄来。

顷决后日（十九日）入京，再无改移矣（顷电话来，复有改移，或再延数日亦未定）。党中已派专员来迎，且预备一切也。

三党合并已定议，吾入京数日后即发表，此后当必日与手枪炸弹为缘（黄兴、宋教仁皆到京，正好决斗），然亦痛快极矣。汝但安心读书，稍迟一二月归不妨，吾今不闷无待汝解也。报中有一谐文，寄资大噱。

议员薪水大佳，大约国家岁给三千余，党中岁给千余（真不知成何体制，然敌党如是，我亦不能不尔也。总便宜了这班国民代表），藻孙居然有五千岁入也。

十八夕又示

与娴儿书

因所绘为名媛，故吾专为汝购之

[1913年4月17日]

今日已返津矣，一人独据一车（荷丈及二叔皆先返，不能待我），而护卫者廿余人，非专制国无此现象也。

第四十二三号禀并悉，任发数日内即东渡，屋尚未定（吾以为久定矣，今归乃知之），汝叔总嫌僻远，但日界觅屋，决不可得，明日将仍往定之耳。

汝叔辈常作无谓之忧虑，若有危险，断不起于室内，能禁我不出门则险可免？此安能者。不忧其他而忧盗之入室，岂非杞人，即如吾此次入京东单二条之住宅，环以十数人，而吾终日出门赴会，又往往至《国民公报》坐至夜分，此何伤者。要之，吾既归国，即履险地，入京则更险，津险则不足道也。

所索二千，月杪电汇，汝母索耳珰吾固知为戏言，汝母欲得之物总不外恰克图火锅、腌菜坛子、黄铜烟袋之类，吾与汝母相处二十余年，宁不深知耶。一叹。

《白香山集》损害，赔偿不忧无着。吾此次入都得博进数百金，以购仇十洲极精之画（值三百五十），专以界汝者（精美极也），若犹未足，则所购旧本书尚值二百余金，任汝拣取可耳。

但汝亦勿太不廉，当为诸弟妹地，毋使彼辈绝望，谓老夫偏爱也（仇画则群季不能攘夺，因所绘为名媛，故吾专为汝购之）。

顷有一极可恼事，汝四叔翩然来矣（彼竟未往港谒祖父，祖父知彼来有书言不许容留也）。吾尚未见之，汝二叔不许其逗留，将令任发押解至沪，督上港船，然后任发由沪东渡云。

示娴儿。

饮冰 十七夕

与娴儿书

吾每不适，则呼汝名聊以自慰

[1913年4月18日]

昨书甫发。而《欧米政党政治》一书已寄到，吾每欲购一书，吾儿辄已先寄，真可谓先意承志，无怪吾之溺爱也。

德界之屋已定，实非僻远（可以谢杂客,不啻小隐也），今日偕荷丈及汝叔往看，已签同矣。屋内之房开间极大（楼上楼下共仅有房六间耳），汝母之房可以隔作三间，另有余地可以附属思成书房。汝之书房亦极大，吾将汝卧榻并置其中，将精心结撰为汝布置之（吾预备五百金交鲍炽先生及希哲为汝布置，而吾指挥之，汝母之房吾却不管，待其归来自布置）。但桂姝最难安插，吾决不容在汝室中设两榻，如是则吾之意匠全破坏，不复成一精室矣。汝房中有附属小房，桂姝设书案尚可，但彼卧榻则真无着耳。学塾亦勉强可容（王姑娘居楼下，但与客厅及学塾能隔别内外），简公兼为吾书记，亦当同居，惟汝叔住房无着，除非将客厅隔出一部（客厅庞大），否则叔须住报馆矣。然叔不在家，殊不便也。

京师殆万不可居，吾此后尚不欲常往，但未知能否耳。

汝归后稍安顿一二日，即挈汝往造此，恐京师不复可入矣，叹。

（日本下女能带一二人来否？可禀商汝母。）

示娴儿。

饮冰　十八夕

同日又一书云：

吾党败失。吾心力俱瘁（敌人以暴力及金钱胜我耳），无如此社会何，吾甚悔吾归也（党人多丧气，吾虽为壮语解之，亦致不能自振）。吾复有他种刺心之事不能为汝告者，吾心绪恶极，仍不能不作报中文字（报却可作乐观，已销万五千份矣，个人生计良得也），为苦乃不可状。执笔多小时乃不成一字（催稿急于星火），顷天将曙，兀兀枯坐而已（汝叔偕荷丈入京，吾独处斗室中）。

吾每不适，则呼汝名聊以自慰，吾本不欲告汝，但写信亦略解吾烦忧也。汝何故数日无书来，何不述家中可喜之事一告我耶？惟汝断不许缘忧我之故而荒学或致病，果尔是重吾忧也。吾今拟与政治绝缘，欲专从事于社会教育，除用心办报外，更在津设一私立大学，汝毕业归，两事皆可助我矣，若能如此，真如释重负，特恐党人终不许我耳（所记党人者，共和党也，民主鬼吾恨之刺骨）。当失意时更不能相弃也。作今日之中国人安得不受，若我之地位更无所逃避，诗云：“夭之沃沃，乐子之无知。”最可羡者，思庄、思达辈耳。

示娴儿。

饮冰　十八夕

希哲大约明年入大学为教授。

与娴儿书

汝之精室，吾布置得极为满意

[1913年5月2日]

第四十九、五十号禀悉。归期可不必中变，就今全国鼎沸，天津租界必可安居，无所用其惊恐也。宋案确与政府无关，惟此次战祸必不能免，吾侪亦不愿其再以含糊敷衍酿毒耳。

吾所以不能脱卸党务之故，《时报》通信所记最得其真相，今剪寄，阅后并转寄游存（两处当皆有时报，或不留心阅及，故再剪寄），汝等临行时必须往游存辞行，极致殷勤，此为至要。

汝之精室，吾布置得极为满意，可惜花时已过，欲布置稍好之盆栽，竟不可得矣。汝母之室，吾虽不为布置，然亦不止一床二帐竿也。一笑。

示娴儿。

饮冰　五月二日

众院正、副议长皆吾党当选，然此后敌党乃益怒耳。

顷书计达，吾后日复入京（至迟十七八日必返津待汝曹），

因进步党开成立大会，吾不能不到也。行期切勿更改，吾望汝等归来，亦甚切也。

汝之精室布置极惬意，然已费八百金矣。此外全家家具费乃不满二百金也。吾之书房即在汝室旁，试思吾之宝贝归来，吾岂肯令其离我寸步者。此房楼上仅有三室，吾与汝母及汝各据其一耳（汝母之室甚大气，外余两室亦不小，每室足当荣街之多室，汝母之室有附属小房，可为思成自修室，汝室亦然）。楼下三室，一为客厅，一为学塾，其一则王姑娘居也。

（行李不必须护照到此，自能通知税关免验。）

（行李共若干件，先以电闻，当预告税关，届时免阻滞。）

五月初二夕

归时行李太多，恐当日不能取出，其铺盖切勿落舱，俾得先取。

汝之铺盖缓取无妨，吾于汝帷帐被褥皆别置备。

与娴儿姊弟书

此间于旧历十八为祖父祝寿

[1915年5月11日]

得藻孙书，知汝已诞一女，母子平吉，探慰远怀。诵赵王佗于今抱孙之句，殊令老夫色动也。此间于旧历十八为祖父祝寿，其庄严热闹，咸谓粤城空前之盛。二十日返乡（在江门一宿，廿

一日到家），廿二日谒祖，廿三日庆寿，廿四日省墓，廿六日复返江门，廿七日返省。此数日间全省河小兵轮十余艘，皆开往茶坑，军队环卫者四百余，其在附近一带巡缉者复数百，吾赏犒之费，亦大不赀矣。祖父精神矍铄，兴会淋漓，至可欣慰。乡间风俗亦至醇美，粤贼遍地，吾乡竟无一挂吏网，此次在乡演剧四日，并小孩吵闹之举而无之，来宾莫不啧啧叹羡也。

子弟亦多佳良，廷玮尤极可爱，在银行为学习员，行中人皆器重之，聪慧勤慎，亢宗之子也。吾极思挈之以北，惟入校苦于程度不合，且祖父极钟爱，不欲其远离，只得听之。惟令其晚间补习英文、算学，使将来稍有所资以自立耳。汝梅姑尤极婉娈，吾笃爱之。惟祖父亦不欲其远行，无如何也。彩莺、翠琼、翠莲皆来，闻皆得所，彩莺家事尚好，琼则稍差矣。吾欲廷玮与瑞时婚配，家中长辈皆同意，试商汝母谓何如？

吾此行返乡有极危险事，惟我乃如在梦中，返省后始知之。盖有乱党九人，各挟爆弹，拟到乡祝寿，为侦探所尾，在离江门一站之车破获。兵官死一人，伤八人，顷伤者在博济医院，吾日间尚拟往慰问之也。

昨电及藻孙函，言思成入校事，已悉。此间本已允送思永，今既如此，当要求送两人，若不能则先送思成也。此事明日见当道即办之。款三千此间可筹寄，亦须两三日内乃办到，因有款存中国银行，德叔尚在乡，须待其来也。此次在粤所费，当在四千内外，而乡祠乡人所费，恐更六七千，实未免太过，然藉此承欢，殊值得也。

吾自到粤后，未尝食一顿正经饭，未尝睡一场正经觉，劳顿不可言，决初五日（旧历）由港起行，初三四间当往港也。

此示娴儿姊弟等同读。

饮冰　旧历三月廿八　新历五月十一

酸枝书案吾必赍汝，顷已定购矣。尚有他物，遍赏汝曹姊弟也。

与思顺、思成书

极欲汝姊弟来一同游，能行否

[1915年6月4日]

今晨安抵上海，拟往苏杭南京小作勾留，即乘津浦车北上，尚思一登泰岱谒孔林也。

极欲汝姊弟来一同游，能行否？能则俟吾发程时以电告，汝等得电即来，会于济南可耳。

津屋想已落成，已迁否？若已迁，则吾在津下车，否则直到京也。

成、永入学事何如？若不妥，须即日返粤应考，应考必可及格，但不免一度跋涉耳。

此行在粤忽忽遂四十日，幸未挈诸幼来，若尔，恐病者纷作矣（粤中各界欢迎，可谓致敬尽礼，港督亦至殷之）。粤之天气

吾犹觉不能受，勿论汝辈也。

示顺、成等。

饮冰　六月四日

与娴儿书

吾虽不见，可想象得之

[1915年6月5日]

到沪得五月十一、廿二日两禀，慰悉一切。吾明日往杭州，拟住三日，返沪后即往苏州，住两日，往镇江一游金、焦，遂往金陵，亦住二三日，即取道津浦归京，途中更一登岱，期以端节前后到家。

似此匆匆，殊负雅游，但颇有数事（粤中政事也），须到京有所告语，且久游于卖文事业，殊多妨也。

幼孙之婉娈，吾虽不见，可想象得之。彼生时汝夫妇孝服未满，可名之曰念慈（三月十九俗称为月神诞，其小名称为桂儿亦可），仍请希哲商之。祖父有洗儿钱一封，由吾带来，吾游江浙亦当求佳品以赉之也。吾为汝置书案书橱，皆自出样式，颇精美，但须两月后乃成耳。

在粤购得乡先正书画数事，颇可喜，途中不能作文，《大中华》相促迫，殊为狼狈，今晚拟拼命成数千言耳。

此示娴儿。

饮冰　六月五日

与娴儿书

处忧患最是人生幸事

[1916年1月2日]

王姨今晨已安抵沪，幸而今晨到，否则今日必至挨饿。因邻居送饭来者已谢绝也（明日当可举火，今日以面包充饥）。此间对我之消息甚恶，英警署连夜派人来保卫，现决无虞。吾断不至遇险。吾生平所确信，汝等不必为我忧虑。

现一步不出门（并不下楼），每日读书甚多，顷方拟著一书，名曰《泰西近代思想论》，觉此与中国前途甚有关系。处忧患最是人生幸事，能使人精神振奋，志气强立。**两年来所境较安适，而不知不识之间德业已日退，在我犹然，况于汝辈。**

今复还我忧患生涯，而心境之愉快，视前此乃不啻天壤，此亦天之所以玉成汝辈也。使汝辈再处如前数年之境遇者，更阅数年，几何不变为纨绔子哉。此书可寄示汝两弟，且令宝存之。

一月二日

有人来时可将下列书检托带来，但检交季常丈处，彼自能理会也。《哲学大辞书》七册；《文艺全书》一大厚册，似是早稻田大学编辑，隆文馆发行；《津村经济学》，新改版者。召希哲之故，孟希想已言之，能来则来，否则暂止亦无妨。

与娴儿书

终日孜孜，而无劳倦，斯亦忧患之赐也

[1916年2月8日]

书及禧柬并收，屋有售（买）主速沽为宜，第求不亏已足，勿计盈也。此著既办，冰泮后即可尽室南来，赁庑数椽，齑盐送日，却是居家真乐。

孟子言：“生于忧患，死于安乐。”汝辈小小年纪，恰值此数年来无端度虚荣之岁月，真是此生一险运。吾今舍安乐而就忧患，非徒对于国家自践责任，抑亦导汝曹脱险也。吾家十数代清白寒素，此乃最足以自豪者，安可逐腥擅而丧吾所守耶？

此次义举虽成，吾亦决不再仕宦，使汝等常长育于寒士之家庭，即授汝等以自立之道也。吾近来心境之佳，乃无伦比，每日约以三四时见客治事，以三四时著述，徐晷则以学书（近专临帖不复摹矣），终日孜孜，而无劳倦，斯亦忧患之赐也。

此书抄示成、永两儿，原纸娴儿保之。

二月八日

与娴儿书

此记无副本，宜宝存之

[1916年3月18日]

寄去《从军日记》一篇，共九叶，读此当详知吾近状。书

（此间无书不拆，故不敢付邮）辗转托递，恐须一月后乃达，其时吾踪迹当暴露于报中矣。此记无副本，宜宝存之，将来以示诸弟，此汝曹最有力之精神教育也。文辞亦致斐亹可观矣。吾尚须留此六日，一人枯坐，穷山所接，惟有佣作，然吾滋适，计每日当述作数千言也。

王姨计已返津，汝等见报知我已入粤时（粤事定时），即当遣王姨来港（到港住家中，问永乐街同德安便知港家所在），候我招之。盖到粤后不便久与陆同居。一分居后，非王姨司我饮食不可，彼时之险，犹过于居沪时也。越南入境如此其难，汝母归宁只得从缓，一两月后，局面剧变，彼时或可自由行动也。

示娴儿。

三月十八日自越南帽溪发

日记呈仲父及季丈一阅。

与娴儿书

人生惟常常受苦乃不觉苦，不致为苦所窘

[1916年3月20日]

吾居此山陬四日矣。今夕乃忽烦闷（主人殷勤，乃愈增吾闷），不自聊，盖桂使尚须八九日乃至也。最苦者烟亦吸尽（无可买），（夜间无茶饮，饭亦几不能入口，饥极，则时亦觉甘），书亦读尽，一灯如豆，虽有书亦不能读也。

前此三日中作文数篇（有日记寄去，已收否？不见日记则不知吾此书作何语也），文兴发则忘诸苦，今文既成，而心乃无所寄，怅怅不复能为怀。此间距云南仅三日程，吾悔不于初到时即一往彼，稍淹信宿（吾深负云南，彼中定怒我矣），更折而回，犹未晚也。

呜呼，吾此时深念吾爱女，安得汝飞侍我旁耶？吾欲更作文或著书以振我精神，今晚已瞢瞢不能属思，明日誓当抖擞一番也。吾欲写字，则又无纸，箧中有笺数十幅，珍如拱璧，不敢浪费也。离沪迄今虽仅半月，而所历乃至诡异，亦不能名其苦乐，但吾抱责任心以赴之，究竟乐胜于苦也。约廿七八乃能行，行半月乃能至梧州，此后所历更不知若何诡异，今亦不复预计。极闷中写此告家人。

三月二十日由帽溪山庄

孟曦昨日至海防，即夕入云南，觉顿早安抵梧州。

同日又一书云：

嗟夫思顺，汝知我今夕之苦闷耶？吾作前纸书时九点耳，今则四点犹不能成寐。吾被褥既委不带，今所御者，此间佣保之物也，秽乃不可向迩。地卑湿，蚤缘延榻间以百计，嘬吾至无完肤，又一日不御烟卷矣（能趁此戒却，亦大妙）。今方渴极，乃不得涓滴水，一灯如豆，油且尽矣。主人非不殷勤，然彼伧也，安能使吾适者。**汝亦记台湾之游矣，今之不适且十倍彼时耳。因念频年佚乐太过，致此形骸习于便安。不堪外境之剧变，此吾学养不足之明证也。人生惟常常受苦乃不觉苦，不致为苦所窘耳。更念吾友受吾指挥**

效命于疆场者，其苦不知加我几十倍，我在此已太安适耳。吾今当力求睡得，睡后吾明日必以力自振，誓利用此数日间著一书矣。

二十夜向晨

此间寄书殊不易，吾且作此留之，明日或更有所作，积数纸乃寄也。吾今日已甚好，已着手著书，可勿念。

廿一日

与娴儿书

自此以往皆坦途，可勿念

[1916年3月26日]

娴儿读：

吾今成行矣。在此山中恰已十日，而其间却有一极危险之纪念。盖此间有一种病，由烈日炙脑而生者，故土人必以黑布裹头（印度人之红布亦为此）。吾初至之日，主人本已相告，而我不检，乃竟罹之。记一夕曾作书与汝，谓薅闷思家，不能成寐，不知为此病之发也。明晨起来稍觉清明，及下午而热大起，一夜之苦痛，真非言语所能形容。子身在荒山中，不特无一家人且无一国人（实则终日室中并人而无之，若其夕死者，明日乃能发见）。灯火尽熄，茶水俱绝，此时殆惟求死，并思家人之念亦不暇起矣。

明晨人来省视，急以一种草药（专治此病之药）治之，不半日竟霍然若失，据言幸犹为轻症，然若更一日不治，则亦无救

矣。险者！病起后，脑无一事，于是作《国民浅训》一书，三日夜成之，亦大快也。二黄皆已往云南，吾一人独入桂，尚须挟骑走山中四日乃能易舟也。自此以往皆坦途，可勿念（病虽痊愈，然两日来浑身发痒，搔之起鳞粟，今遍体皆是，非蚤所啮也，不解何故？此地卑湿，非吾侪所堪，幸即离去，否则必再生病也）。

与娴儿书

汝辈学业，切宜勿荒

[1916年5月3日]

吾日内即往日本，在彼半月当归沪小住，途旅甚安，同行保护之人不乏，可勿远念。汝辈学业，切宜勿荒，荷丈家中常往存问。

五月三日

王姨即遣来沪，在沪待我归，已租定住宅，到沪时往周家问询便得。此事极要。

与思成、思永书

以年幼姑勿责也

[1916年6月22日]

思成、思永同读：

来禀已悉。新遭祖父之丧，来禀无哀痛语，殊非知礼，以年

幼姑勿责也。

汝等能升级固善，不能亦不必愤懑，但问果能用功与否。若既竭吾才，则于心无愧；若缘殆荒所致，则是自暴自弃，非吾家佳子弟矣。

闻汝姊言，汝等颇知习劳苦学俭朴，吾心甚慰。宜益图向上，吾再听汝姊考语以为忧喜也。

饮冰　六月廿二日

与娴儿书

汝宜严加督责

[1916年8月27日]

廿四日禀悉。伯瑛夫妇厚意太可感，我家本万无受理，惟现在寄返既颇难，且亦未便屡却其意，只好暂领，待他日吴家子弟有婚假等事，可转赠之，汝可复书为我道谢。

示成、永书即示成，待永病痊愈再示之，汝宜严加督责（成久不来禀，已极可责），视其成绩表所最缺者何项责令注意。

廿七日

与娴儿书

作官实易损人格，易习于懒惰与巧滑

[1916年10月11日]

月来季常丈在此同居，所益不少，前游杭游宁，皆备极欢迎，想在报中已见一二。顷决于十五日返港，省奠灵帏，且看察情形，能否卜葬，若未能，则住港两旬必仍返沪，便当北归小住也。

写至此，接来禀，悉一切。希哲就外交部职无妨，吾亦托人在国务院为谋一位置，未知如何。领事则须俟外交总长定人乃可商。**但作官实易损人格，易习于懒惰与巧滑，终非安身立命之所，吾顷方谋一二教育事业，希哲终须向此方面助我耳。**十二舅事，循若复电言运使已允设法，吾亦已电告汝母矣。别纸言《京报》事，可呈汝叔。

父示娴儿。

十月十一日

与思顺书

既抵所向地，心当宁静

[1918年12月10日]

自香港至吉隆坡前后五禀（仰光电亦收）俱悉，初次离家，长途多感，固所宜然。既抵所向地，心当宁静，但不审能堪彼湿

热否耳。

吾度此闲适之岁月，恰仅一年，欧战既终，遂使我不复能自逸，今当西游，已决乘横滨丸于本月廿九日自上海首途取道印度洋地中海，直趋法国，同行者张君劢、徐振飞、蒋百里、刘子楷、丁文江，并携鼎甫作录事（不带仆人）兼服役（初拟带廷伟，卒改鼎甫），此行全以私人资格（经费殊不充，公家所给仅六万，朋旧馈赆约四万耳），不负直接责任，然关系当不小。近数日来陆使在日本闹笑话，舆论哗然，复有将我资格化私为公之议，然吾殊不欲也。初时拟电汝来槟榔屿相见，顷见汝书，路费如彼其巨，跋涉千里，乃得一日之盘桓，甚无谓矣。当于归途迂道仰光携汝归耳。

此次若非汝已南行，则吾必调希哲随往，希哲不获参与此活剧，实为妻孥累也。然万一到必须化私为公时，仍当借重希哲，届时则惟设法先送汝归耳。若必有此事，则此书未到前，电当先到，然什九不至成为事实也。吾入京半月，一昨方归，检点行装，且须赶作多数文字，无寸晷暇，昨夜已通宵不寐，一年来养成之良习惯，忽遂破坏，可叹也。

家中甚安，汝母亦入京旬日，先我归，吾频有文登《时事新报》，曾饬寄汝处，已见否？两孙乐南居耶？希哲想佳。

父示思顺。

十二月十日

成、永、忠成绩皆甚优。

卷二

[1919.1.6-1925.4.17]

与娴儿书

相去咫尺，恨不能一见也

［1919年1月6日］

今日到新加坡，即以电告，想达。相去咫尺，恨不能一见也。

出京时方遇大雪，燕齐之郊，一白千里。仅愈十日，戾止此都，御白拾犹苦热，颇闻仰光酷暑尤甚于此，且晴雨皆以半年为期，汝在彼能惯耶？不至生病否？

颇欲招汝夫妇游欧，惟汝提携两儿，实不便。试与希哲商，若欲来者可电告我（电巴黎使馆转），当电部调取，汝等则先将两儿安置天津，便可行也。

吾此次海行绝无风浪，安适之至，前途尚须三十日乃抵伦敦也。

父示娴儿，希哲同鉴。

正月六日　由新加坡拉苏特旅馆

与娴儿书

总要在社会上常常尽力，才不愧为我之爱儿

[1919年12月2日]

得十月廿一日禀，甚喜，总要在社会上常常尽力，才不愧为我之爱儿。人生在世，常要思报社会之恩，因自己地位做得一分是一分，便人人都有事可做了。吾在此作游记，已成六七万言，本拟再住三月，全书可以脱稿，乃振飞接家电，其夫人病重（本已久病，彼不忍舍我言归，故延至今），归思甚切。此间通法文最得力者，莫如振飞，彼若先行，我辈实大不便，只得一齐提前，现已定阳历正月廿二日船期，约阴历正月杪可到家矣。一来复后便往游德国，并及奥、匈、波兰，准阳历正月十五前返巴黎，即往马赛登舟，船在安南停泊，约一两日，但汝切勿来迎，费数日之程，挈带小孩，图十数点钟欢聚，甚无谓也。但望汝一年后必归耳。

父示娴儿。

十二月二日

与思顺书

惟汝不在旁，美犹有憾耳

[1920年3月25日]

吾以十二日（旧历正月）抵香港，敬谒祖父殡宫。在港与诸

亲故盘桓永日，旋即登舟，十五日抵沪，诸友来迎者颇众，馆于张菊生家，叔通、东荪、溯初屡作深谈。旋应张季直之招往南通淹留三日，复返沪。沪上政客未接一人，最为快事。廿四日发沪，（在南京未下车）廿五日抵家，都中亲故来津相迓，旅舍为满，家中群童迎于新站，汝母迎于老站，是夕诸友在家为我洗尘，翌日为我介寿，将未成之新居权布筵席，主客熙熙，有如春酿。在家小憩后，以廿九日入都，向当道循例一周旋。

初三日便返津，除最稔诸友共作饮食宴乐外，一切酬应皆谢绝，东海约宴亦谢之。然旬日以来，亦颇劳顿矣。每晚客散后，与汝母杂谈，动至夜分。

返津两日来客稍稀，夕间辄与汝母对酌，微醺甚乐也（久不御黄酒，归来开陈酿至乐，但饮后觉不甚受用，数日后亦拟节之矣）。思成辈皆渐知向学，幼者亦益可爱，家庭中春气盎然，惟汝不在旁，美犹有憾耳。

吾自欧游后，神气益发皇，决意在言论界有所积极主张，居北方不甚便，两月后决南下，在上海附近住。想汝亦必以为然也。汝在仰光病已数次，两孙亦常不适，当是水土所致。汝曹生长在较北之地，久居炎方，恐非所宜，早日宁家为妙。今年吾与汝母合成百岁，吾生日汝既未归，深望汝母生日作一大团聚。汝来禀屡言明春必归，能早数月更慰老怀也。前书言中比公司事，顷股本咄嗟已满，不必复求林振宗矣。惟吾欲在上海办一大学，彼若有志能相助最善（彼新房落成，礼物日内当即写送），吾拟别作一英文书与言，汝谓何如？

父示思顺，并问希哲。

三月廿五日　旧历二月六日

与娴儿书

以久不得汝书，颇悬悬

[1920年4月20日]

吾方与汝母言，以久不得汝书，颇悬悬。汝母谓我归来仅逾月，汝已有一书，不可谓稀，语未终而汝第二书至，吾喜可知也。吾归后极安适，惟客不断，著述又不容缓，顷已全规复两年前生活，动辄夜分不寝，此亦无可如何也。前吾极欲希哲调欧，惟汝母有决不欲就汝等迎养，吾一时又未必能再远游，则亦不欲汝更远离，我已不复作此运动，闻盎威斯领事已别定人矣。汝研究欧美妇人问题，欲译书甚好，可即从事，我当为汝改削出版，顷吾方约一团体，从事斯业也。今年能归来度岁否，甚望，甚望。

父示娴儿。

四月二十日

《欧游心影录》汝已见否？

与娴儿书

吾将以此为终身事业，必能大有造于中国

[1920年7月20日]

不寄书已两月余，想汝等极觖望矣。吾日常起居，计思成等当详相告。顷国内私斗方酣，津尚安堵，惟都中已等围城，粮食断绝，兵变屡发（五日来火车、电报、电话皆不通，无从得都中消息），汝二叔全眷未移，至可悬念，然不出三日，诸事亦当解决矣。吾一切不问，安心读书著书，殊畅适。惟日来避难来津者多，人事稍繁杂耳。

兹有寄林振宗信，并中国公学纪念印刷品两册（胡适之即在本公学出身者，同学录中有名），可交去并极力鼓其热心，若彼能捐五十万，则我向别方面筹捐更易，吾将以此为终身事业，必能大有造于中国。彼若捐巨款，自必请彼加入董事，自无待言，此外当更用种种方法为之表彰名誉，且令将来学生永永念彼也。

汝前信言彼欲回国办矿，若果有此意，吾能与以种种利便。前随我游欧之丁文江任地质调查所所长多年，中国何处有佳矿，应如何办法，情形极熟，但吾辈既无资本，只得秘之，以俟将来耳。又有挚友刘厚生（张季直手下第一健将，曾任农商次长，近三四年与我关系极深，汝或未知其人），注意矿事十年，规模宏远，渠办纺绩业获利数百万，尽投之以探矿，彼誓以将来之钢铁大王自命，所探得铁矿极多，惜多在安徽境内，倪嗣冲尚在，不

敢开办耳。现正拟筹极大资本办铁厂，林君欲独力办矿，或与国内有志者合办，吾皆能为介绍也。可将此意告之，日来直派军人频来要约共事，吾已一概谢绝，惟吴佩孚欲吾为草宪法，上意见书，吾为大局计，亦将有所发表耳！本定本月南下，往江西讲演。现因道梗，一切中止矣。汝姑丈新得一子，汝已知否？

父示娴儿，并问希哲近佳。

七月二十日

与娴儿书

聊书数行，慰汝远念耳

[1921年5月16日]

三次来禀均收，吾自汝行后，未尝入京，且除就餐外，未尝离书案一步，偶欲治他事，辄为著书之兴所夺，故并汝处亦未通一书也。**希哲在彼办事，想极困衡，但吾信希哲必能度诸难关，望鼓勇平心以应之。**薛敏老等来已见（彼已往美），吾略为擘画，彼辈似亦甚满足，他事如常，无可告，聊书数行，慰汝远念耳。

父示娴儿。

五月十六

王姨似有病，且病似不轻，闻日内汝母令之往北京就医。

与娴儿书

学问是生活，生活是学问

[1921年5月30日]

我间数日辄得汝一书，欢慰无量。昨晚正得汝书，言大学校长边君当来。今晨方起，未食点心，此老已来了，弄得我狼狈万状，把我那“天吴紫凤”的英话都迫出来，对付了十多分钟。后来才偕往参观南开，请张伯苓当了一次翻译。彼今日下午即入京，我明晨仍入京，拟由讲学社请彼一次，但现在京中学潮未息，恐不能热闹耳。

某党捣乱，此意中事，希哲当不以介意。**凡为社会任事之人，必受风波。吾数十年日在风波中生活，此汝所见惯者，俗语所谓见怪不怪其怪自败，吾行吾素可耳。**

廷伟为补一主事，甚好。当告彼“学问是生活，生活是学问”，彼宜从实际上日用饮食求学问，非专恃书本也。

汝三姑嘉礼日内便举行，吾著书已极忙，人事纷扰，颇以为苦，但家有喜事，总高兴耳。

王姨有病入京就医，闻已大痊矣。

父示娴儿。

五月三十

胡德将军处本拟用各界名义发一电欢迎，但用何名义未定，

日内或以三数私人名义作代表，其人则秉三、伯唐、仲仁、静生及我也。

与娴儿书

吾日来极感希哲有辞职之必要

[1921年7月22日]

喜事办完，吾返家已一来复，又从事著述生涯，自觉其乐无量。廷伟已斥令归乡，不复以此自恼，汝勿以为忧也。汝三姑姻事（大约汝三姑丈将在久大任一职，决不令彼作官矣），吾及汝母皆觉甚满足，全家人皆然，此为吾自完义务之一快事。使领馆经费补发无期（吾近来始知底细，盖两年来外交部恃船钞三成充此费，今已无着），日前晤长绶卿，彼言若呈部言家眷在津，则薪水（公费不在此限）可在津领，彼新放横滨总领事，亦只得托言眷一部分在津云云。可告希哲，即办一呈，言眷已返津，薪水托廷灿代领，望每月由津拨支云云，当可得也。

吾日来极感希哲有辞职之必要，盖此种鸡肋之官，食之无味，且北京政府倾覆在即，虽不辞亦不能久，况无款可领耶？希哲具有实业上之才能，若更做数年官，恐将经商机会耽阁，深为可惜。汝试以此意告希哲，若谓然，不妨步步为收束计（自然非立刻便辞）。汝母颇不以吾说为然，故吾久未语汝，但此亦不过吾一时感想，姑供汝夫妇参考耳。

希哲之才，在外交官方面、在实业方面皆可自立，但作外交

官则常须与政局生连带关系，苦恼较多也。此所说者，并非目前立刻要实行，但将个中消息一透露，俾汝辈有审择之余裕耳。

父示娴儿。

廿二

与思顺书

思成和徽音已有成言

[1923年1月7日]

宝贝思顺：

我三十一夜里去上海，前晚夜里回来，在上海请医生（法国）诊验身体，说的确有心脏病，但初起甚微，只须静养几个月便好，我这时真有点害怕了。本来这一个星期内，打算拼命把欠下的演说债都还清，现在不敢放恣了，只有五次讲义讲完就走（每次一点钟），酒是要绝对的戒绝了，烟却不能。医生不许我多说话，不许连续讲演到一点钟以外，不许多跑路（这一着正中下怀），最要紧是多睡觉（也愿意），说这一着比吃什么药都好。我回家后，当然一次讲演都没有，我便连日连夜睡他十来点钟，当然就会好了。你却不许挂心，挂心我就什么都不告诉你了。

我本来想到日本顽顽，可巧接着日本留学生会馆来书要我去讲演，而且听说日本有几个大学也打算联合来请，吓得我不敢去了（若没有病，我真高兴去）。今年上半年（阳历计）北京高师要请我，要和别的学校竞争，出到千元一月之报酬（可笑，我即往，亦不能受此重酬）。东南学生又联合全体向我请愿，我只得一概谢绝了。回津后只好杜门不出，因为这几年演讲成了例，无论到什么地方也免不掉，只得回避了。我准十五日回家，到家当在汝母生日前两日哩。思成和徽音已有成言（**我告思成须彼此学成后乃定婚约，婚约定后不久便结婚**），林家欲即行定婚，朋友中也多说该如此，你的意见怎样呢？

爹爹　一月七日

与思顺书

我想破戒饮一回，你答应不答应

[1923年1月15日]

宝贝思顺：

我现在就上车回家了，明天晚上就和你妈妈、弟弟妹妹们在一块了，现在狠想起你。

这几天并未有依医生的话行事，大讲而特讲，前天讲了五点钟，昨天又讲四点钟，但精神却甚好。

几个月没有饮酒了，回家两天就是你妈妈生日，**我想破戒饮一回，你答应不答应？回家后打算几个月戒讲演了（但北京高等师范学生正在和我打麻烦，因为我早答应过今年上半年在那里讲），打算专门写字和打牌，你听见想一定欢喜。**

爹爹

难得这一点时候没有事没有客，所以写这几张纸。

与思顺书

两个孩子真勇敢得可爱

[1923年5月8日]

宝贝思顺：

你看见今日《晨报》，定要吓坏了。我现在极高兴的告诉你，我们借祖功宗德庇荫，你所最爱的两位弟弟，昨日从阎王手里把性命争回。

我在西山住了差不多一个月，你是知道的，昨日是你二叔生日，又是五七国耻纪念，学生示威游行，那三个淘气精都跟着我进城来了。约摸十一点（午前）时候，思成、思永同坐菲律宾带来的小汽车出门，正出南长街口，被一大汽车横撞过来，两个都碰倒在地。思永满面流血，飞跑回家，大家正在惊慌失色，他说快去救二哥罢，二哥碰坏了。等到曹五将思成背到家来，脸上一点血色也没有（两个孩子真勇敢得可爱，思成受如此重伤，忍耐得住，还安慰我们，思永伤亦不轻，还拼命看护他的哥哥），眼睛也几乎定了。

思忠看见两个哥哥如此，呱的一声哭起来，几乎晕死。我们那时候不知伤在何处，眼看着更无指望，勉强把心镇定了，赶紧请医生。你三姑丈和七叔乘汽车去（幸我有借来汽车在门），差不多一点钟才把医生捉来。出事后约摸二十多分钟，思成渐渐回转过来了，血色也有了，我去拉他的手，他使劲握着我不放，抱着亲我的脸，说道：爹爹啊，你的不孝顺儿子，爹爹妈妈还没有完全把这身体交给我，我便把他毁坏了，你别要想我罢。又说千万不可告诉妈妈。又说姐姐在那里，我怎样能见他？我那时候心真碎了，只得勉强说，不要紧，不许着急。但我看见他脸色回转过来，实在亦已经放心许多。我心里想，只要拾回性命，便残废也甘心。后来医生到了，全身检视一番，腹部以上丝毫无伤，只是左腿断了，随即将装载病人的汽车装来，送往医院。

初时大家忙着招呼思成，不甚留心思永何如。思永自己说没有伤，跟着看护他哥哥。后来思永也睡倒了，我们又担心他不知伤着那里，把他一起送到医院检查。啊啊！真谢天谢地，也是腹部以上一点没有，不过把嘴唇碰裂了一块（腿上亦微伤），不能吃东西。

现在两兄弟都在协和医院同居一房，思永一个礼拜可以出院，思成约要八个礼拜。但思成也不须用手术（不须割），因为骨并未碎，只要扎紧，自会复原。今朝我同你二叔、三姑、七叔去看他们，他们哥儿俩已经说说笑笑，又淘气到了不得了。昨天中饭是你姑丈和三姑合请你二叔寿酒，晚上是我请，中饭合家都没有吃，晚饭我们却放心畅饮压惊了。我怕你妈妈着急发病，昨日一日瞒着没有报告，今朝我从医院出来，写了一封快信，又叫那两个淘气精各写一封去，大约你妈妈明天早车也要来看他们了。

内中还把一个徽音也急死了，也饿着守了大半天（林家全家也跟着我们饿），如今大家都欢喜了。

你二叔说，若使上帝告诉我们，说你的孩子总要受伤，伤什么地方听你自择，我们只有说是请伤这里，因为除此以外，无论伤那里，都是不了。我们今天去踏查他们遇险的地方，只离一寸多，便是几块大石头，若碰着头部真是万无生理。我们今天在六部口经过，见一个死尸横陈，就是昨天下午汽车碰坏的人，至今还没殡殓，想起来真惊心动魄。

今年正月初二，我一出门遇着那么一个大险，这回更险万倍，到底皆逢凶化吉，履险如夷，真是徼天之幸。我本来不打算告诉你，因为《晨报》将情形登出，怕你一见吓倒，所以详细写这封信。我今日已经打了二十多圈牌了，我两三日后仍回西山，我在那里住的舒服极了（每日早起又不饮酒）。

爹爹　阳历五月八日，旧历三月廿三日

与思顺书

真顽皮得岂有此理

[1923年5月11日]

宝贝思顺：

你看见我第一封信，吓成怎么样？我叫思成亲自写几个字安慰你，你接到没有？思永现已出院了，思成大概还要住院两月。汝母前日入京抚视他们，好在他们都已复原，所以汝母并未着急。

汝母恨极金永炎，亲自入总统府见黄陂诘责之。其后金某来

院慰问，适值汝母在，大大教训他一场。金某实在可恶，将两个孩子碰倒在地，连车也不下，竟自扬长而去，一直过了两日，连名片也没有一张来问候，初时我们因救命要紧，没有闲工夫和他理论，到那天晚上，惊魂已定，你二叔方大发雷霆，叫警察拘传司机人，并扣留其汽车。随后像有许多人面责金某，渠始来道歉。初次派人差片来院问候，被我教斥一番，第三日始亲来。汝二叔必欲诉诸法庭，汝母亦然；但此事责任仍在司机人，坐车人不过有道德责任而已。我见人已平安，已经心满意足，不欲再与闹。惟汝母必欲见黎元洪，我亦不阻止，见后黎极力替赔一番不是，汝母气亦平了，不致生病，亦大好事也。

思成今年能否出洋，尚是一问题，因不能赶大考也（现商通融办法），但迟一年亦无甚要紧耳。我现课彼在院中读《论语》《孟子》《资治通鉴》，利用这时候多读点中国书也狠好。

前两天我去看他们，思永嘴不能吃东西，思成便大嚼大啖去气他。思成腿不能动，思永便大跳大舞去气他。真顽皮得岂有此理。这回小小飞灾，狠看出他们弟兄两个勇敢和纯挚的性质，我狠喜欢。

我已返（昨日）西山著我的书了。今晨天才亮便已起，现在是早上九点钟，我已成了二千多字，等一会蹇七叔们就要来（今日礼拜六）和我打牌了。

爹爹　五月十一日　翠微山秘魔岩

与思成书

可益神智，且助文采也

[1923年5月]

父示思成：

吾欲汝以在院两月中取《论语》《孟子》，温习谙诵，务能略举其辞，尤于其中有益修身之文句，细加玩味。次则将《左传》《战国策》全部浏览一遍，可益神智，且助文采也。更有余日读《荀子》则益善。各书可向二叔处求取。《荀子》颇有训诂难通者，宜读王先谦《荀子集解》。可令张明去藻玉堂老王处取一部来。

与思顺书

这几日常常想我的思顺

[1923年5月17日]

宝贝思顺：

你和希哲看报吓成怎么样？我前日入城看思成，已大好了。医生言敢保不致残废，现汝母尚在城，每日往看彼两次，徽音亦日日往，俨然姑媳相依矣。

可怜思庄不知底细，在校中看见报纸，哭得眼都肿了，王姨携他来京看视一遍，方才安心。

我仍居西山，每日早起，精神甚旺。这几日常常想我的思

顺，但写信也无甚话可说耳。

十七日　爹爹

与思顺书

我和你母亲都有点着急了

[1923年7月26日]

宝贝思顺：

一个多月不得你的信，我和你母亲都有点着急了。你不是有病吧?

思成还要十日后方能出院，我决意叫他迟一年出洋。总之，须把身子完全复元才可旅行。谅来你也同意。我回津将近一月了，现在南开讲演，家中大小都好。

爹爹

与思成书

人生之旅历途甚长，所争决不在一年半月

[1923年7月26日]

汝母归后说情形，吾意以迟一年出洋为要，志摩亦如此说，昨得君劢书，亦力以为言。盖身体未完全复元，旋行恐出毛病，**为一时欲速之念所中，而贻终身之戚，甚不可也。人生之旅历途甚长，所争决不在一年半月，万不可因此着急失望，招精神上之**

萎葸。汝生平处境太顺，小挫折正磨练德性之好机会，况在国内多预备一年，即以学业论，亦本未尝有损失耶。吾星期日或当入京一行，届时来视汝。

与思顺书

随意写几句告诉你

[1923年8月1日]

宝贝思顺：

得复电大慰，我因久不得汝信，神经作用无端疑汝有病耳。

昨日在南开讲毕，思永、思忠留校中听别人讲演，我独携思庄去吃大餐，随后你妈妈把思达、思懿带来，吃完后五个人坐汽车兜圈子到马厂一带，把几位小孩子欢喜到了不得。你妈妈说我居然肯抛弃书桌上一点钟工夫作此雅游，真是稀奇。我和思庄说明年姐姐回来我带着你们姊妹去逛地方，不带男孩子了。庄、懿都拍掌说哥哥们太便宜了，让他们关在家里哭一回。

思达说他要加入女孩子团体，思庄已经答应他了。

我今日起得甚早，随意写几句告诉你。

爹爹　八月一日

与思顺书

前几天，天天记挂你打电

[1923年8月8日]

顺儿：

前几天，天天记挂你打电，闻你回电来了后，便接连得你好几封信，快活极了（却道没有一封给我的，可恶，可恶）。

你妈妈半个月前有点呕思成的气，现在久已无事了。思成、徽音来信寄你一看，便可知道他们现时情状（也可以见那位不害羞的女孩儿如何可爱）。忠忠、庄庄两个天天撒泼，要我带他们逛北戴河（最好笑是徐志摩也加入他们队里，帮着运动）。我被他们磨不过，已经答应了。

只要借得房子，便带他们去，他们说姊姊不知占了多少便宜。其实你并没有跟着我逛过多少地方，不过他们眼红罢了。你们这些孩子们实在难缠，一个个长大了，越发成群结党来打老子主意了。你当老姊姊的，都不管管他们吗？

爹爹　八月八日

与思顺书

天下事业无所谓大小

[1923年11月5日]

宝贝思顺：

昨天松坡图书馆成立（馆在北海快雪堂，地方好极了，你还不知道呢，我每来复四日住清华，三日住城里，入城即住馆中），热闹了一天。

今天我一个人独住在馆里，天阴雨，我读了一天的书，晚间独酌醉了（好孩子别要着急，我并有怎么醉，酒亦不是常常多吃的），书也不读了。找我最爱的孩子谈谈罢，谈什么呢，想不起来了。哦，想起来了。你报告希哲在那边商民爱戴的情形，令我喜欢得了不得。我常想，一个人要用其所长（人才经济主义）。希哲若在国内混沌社会里头混，便一点看不出本领，当领事真是模范领事了。我常说天下事业无所谓大小（士大夫救济天下和农夫善治其十亩之田所成就一样），只要在自己责任内，尽自己力量做去，便是第一等人物。希哲这样勤勤恳恳做他本分的事，便是天地间堂堂的一个人，我实在喜欢他。

好孩子，你气不分弟弟妹妹们，希哲又气不分你，有趣得狠（你请你妈妈和我打弟弟们替你出气，你妈妈给思成们的信帮他们，他们都拍手欢呼胜利，我说我帮我的思顺，他们淘气实在该打）。平心而论，爱女儿那里会不爱女婿呢，但总是间接的爱，是不能为讳的。徽音我也狠爱他，我常和你妈妈说，又得一个可爱的女儿。但要我爱他和爱你一样，终究是不可能的。

我对于你们的婚姻，得意得了不得，我觉得我的方法好极了，由我留心观察看定一个人，给你们介绍，最后的决定在你们自己，我想这真是理想的婚姻制度。好孩子，你想希哲如何，老夫眼力不错罢。徽音又是我第二回的成功。我希望往后你弟弟妹妹们个个都如此（这是父母对于儿女最后的责任）。我希望普天下的婚姻都像我们家孩子一样，唉！但也太费心力了。像你这样有恁么多弟弟妹妹，老年心血都会被你们绞尽了，你们两个大的我所尽力总算成功，但也是各人缘法侥幸碰着，如何能确有把握呢？好孩子，你说我往后还是少管你们闲事好呀，还是多操心呢？

你妈妈在家寂寞得狠，常和我说放暑假时候狠高兴，孩子们都上学便闷得慌，这也是没有法的事。像我这样一个人，独处一年我也不闷，因为我做我的学问便已忙不过来，但天下人能有几个像我这种脾气呢？

王姑娘近来体气大坏（因为你那两个殇弟产后缺保养），我狠担心，他也是我们家庭极重要的人物。他狠能伺候我，分你们许多责任，你不妨常常写些信给他，令他欢喜。

我本来答应过庄庄，明年暑假绝对不讲演，带着你们顽一个夏天。但前几天我已经答应中国公学暑期学校讲一月了（他们苦苦要我，我耳朵软答应了）。我明春要到陕西讲演一个月，你回来的时候还不知我在家不呢，酒醒了不谈了。

耶告（这两个字是王右军给他儿女信札的署名法）。

十一月五日

与思顺书

但我的孩子怕受不了那种炎热，我有点不愿意

[1923年11月16日]

今日有人说希哲已调新加坡了，我尚未见政府公报，但恐是真的。这个调动斐侨不用说是大不愿意了。在希哲方面正如古人所谓还住本州（衣锦还乡），似亦未尝不好。**但我的孩子怕受不了那种炎热，我有点不愿意（斐事亦不好办，革命风潮日剧，簿记案问题难解决，或调去亦未始不好），打算一两日内找顾少川一谈，看他能收回成命否？你们意思怎么样呢？我不管如何，姑且和他一说，若不能挽回，则亦听他，你说好吗？**我半个月前痔疮复发，初时不以为意，耽阁了好几日。后来渐觉得有点痛楚，才叫王姑娘入京服侍，又被你弟弟们逼着我去汤山住了几天，现在差不多好清楚了。但日来京中各学校知道我在京，纷纷请讲演，又闹得像去年在南京一样的忙了，怎么好。

爹爹给思顺。

十一月十六日

与思顺书

偷空写这两张纸给我的宝贝

[1923年12月18日]

宝贝思顺：

像二十多天没有给你信了，你的信也像半个月没有来了。你夫妇和孩子们都好吗？部里留任的电报想早到了，你们什么时候回来呢？我阴历二月半非去陕西不可，最少要在那边一个月，万一你回来时我又不在家，可急杀我了。思成这个淘气精，已经天天滑冰，今日正在北海滑了半天，我初时禁止他，现已许他了。把这话告诉你，令你知道他的腿怎样，好以放心了。我被各学校学生包围，几乎日日免不了讲演，怎么好呢？偷空写这两张纸给我的宝贝。

与顺儿书

赶回来过你的生日

[1924年2月2日]

顺儿：

二十、廿二两信都收到了。这几天大家都回来过年，家里热闹到了不得，细婆病也好了，格外高兴。我的陕西怕上半年去不成，因为印度大文学家泰戈尔四月间来，不能不等他。你最好是四月初一前赶到家（赶回来过你的生日），因为你弟弟们放春假只有一礼拜，他们正在商量许多新花样欢迎你哩。我给的压岁钱也有你一份，但是已经交给你弟弟妹妹们。他们说组织一个会，共同替你保管，不知他们怎样替你保管法。你回来再和他们算账罢。另外有一种压岁钱，个个想要，但只有一份，谁也不给，只好留给最小的孙子。我自己替他保管着，千妥万当的，告诉他回来再拿罢。

爹爹　除夕前两日

我过了年还要入京讲学去。

与思顺、庄庄书

你们走后，我狠寂寞

[1925年4月17日]

宝贝思顺、小宝贝庄庄：

你们走后，我狠寂寞。当晚带着忠忠听一次歌剧，第二日整整睡了十三个钟头，起来还是无聊无赖，几次往床上睡，被阿时、阿忠拉起来，打了几圈牌，不到十点又睡了，又睡十个多钟头。

思顺离开我多次了，所以倒不觉怎样；庄庄这几个月来天天挨着我，一旦远行，我心里着实有点难过。但为你成就学业起见，不能不忍耐这几年。庄庄跟着你姊姊，我是十二分放心了；但我十五日早晨吩咐你那几段话，你要常常记在心里，等到再见

我时，把实行这话的成绩交还我，我便欢喜无量了。

我昨天闷了一天，今日已经精神焕发，和你七叔讲了一会书，便着手著述，已成二千多字。现在十一点钟，要睡觉了，趁砚台上余墨写这两纸寄你们。

你们在日本看过什么地方？寻着你们旧游痕迹没有？在船上有什么好玩（小斐儿曾唱歌否）？我盼望你们用日记体写出，详细寄我（能出一份《特国周报》临时增刊尤妙）。

我打算礼拜一入京，那时候你们还在上海呢。在京至多十日便回家，决意在北戴河过夏，可惜庄庄不能跟着，不然当得许多益处。

祝你们一路安适，两个礼拜后我就盼你们电报，四个礼拜后就会得你们温哥华来信，内中也许夹着有思成、思永信了。

十七晚　爹爹

卷三

[1925.5.1-1926.6.5]

与顺儿书

把他身体实在情形报告我，我才真放下心哩

[1925年5月1日]

顺儿：

神户信收到，一两天内又当得横滨信了。你们在日本那几天，我恰在北京，在京忙得要死，号称看花，却没有看成，只有一天六点钟起身，到广惠寺去，顺便也对畿辅先哲祠的海棠、法源寺的丁香，飞一个片子，算是请安拜会。

灵柩瓷灰已上过了，现在就上光漆，大约一月内完功了。

小六北京银行支店事已定，大约先拨资本十万至十五万，交他全权办理。

你七叔昨日已回家去了，因为我想他快点回来，跟我到北戴河，所以叫他早点去，家里越发清静了，早饭就只三个人一桌。

思永有两封信来，一封是因为你不肯饶徽音，求我劝你，说得狠恳切，现在已不成问题，不给你看了；一封是不主张吴文藻，说他身体弱，也不便给你看，你们见面总会谈到了。

林宗孟说思成病过一场（说像是喉症），谅来他是瞒着家里，怕我忧心，但我总要你见着他面，把他身体实在情形报告我，我才真放下心哩。

瞻儿的字叫他好生写（桂儿能在暑假内叫他读《论语》最好），别要辜负美材。

斐儿有什么特别顽意报告，我博千里一笑。

贵亲家越发淘气了。穿着夹衣，跳趱得多，成天价笑、满嘴乱说，再过一个月等我把他剥得精光照幅相寄你们。

五月一日

我现在起得极早，保险公司款已还一万。

与思顺、思成、思永、思庄书

我晚上在院子里徘徊，对着月想你们

[1925年5月9日]

五月七日正午接到温哥华安电，十分安慰。六日早晨你妈妈说是日晚上六点钟才能到温，到底是不是？没出息的小庄庄，到底还晕船没有？你们到温那天，正是十五，一路上看着新月初生直到圆时，谅来在船上不知唱了多少次“江上何人初见月，江月何年初照人”了，我晚上在院子里徘徊，对着月想你们，也在这里唱起来，你们听见没有？

我多少年不做诗了，君劢的老太爷做寿，我忽然高兴做了一首五十韵的五言长古，极其得意，过两天抄给你们看。

我近来大发情感，大做其政论文章，打算出一份周报，附在《时》《晨》两报送人看，大约从六月初旬起便发印。到我要讲的话都讲完，那周报也便停止，你们等着看罢。

我前几天碰着一件狠窘的事——当你们动身后，我入京时，所谓善后会议者正在闭会。会议的结果，发生所谓宪法起草会者，他们要我做会长。由林叔叔来游说我，我已经谢绝，以为无事了。不料过了几天，合肥派姚震带了一封亲笔信来，情词恳切万分。那姚震哀求了三个钟头，还说执政说："一次求不着，就跑两次、三次、五次天津，口口要答应才罢。"吾实在被他磨不过，为情感所动，几乎松口答应了。结果只得说容我考虑考虑，一礼拜回话。我立刻写信京、沪两处几位挚友商量，觉得不答应便和绝交一样，意欲稍为迁就。到第二天平旦之气一想，觉得自己糊涂了，决定无论如何非拒绝不可。果然隔一天京中的季常、宰平、崧生、印昆、博生，天津的丁在君一齐反对，责备我主意游移，跟着上海的百里、君劢、东荪来电来函，也是一样看法，大家还大怪宗孟，说他不应该因为自己没有办法，出这些鬼主意来拖我下水。现在我已经有极委婉而极坚决的信向段谢绝了。以后或者可以不再来麻烦。至于交情呢，总不能不伤点，但也顾不得了。

政局现有狠摇动的样子。奉天新派五师入关，津浦路从今日起又不通了。但依我看，一二个月内还不会发生什么事，早则八月，迟则十月，就难保了。

忠忠也碰着和我所遭相类的事。你二叔今日来的快信，寄给你们看。信中所讲那陈某我是知道的，纯然是一个流氓，他那个女孩也真算无耻极了。我得着你二叔信，立刻写了一千多字的信严重告诫忠忠。谅来这孩子不至被人拐去，但你们还要随时警告他。因为他在你们弟兄姐妹中性情是最流动的，你妈妈最不放心也是他。

思永要的书，廷灿今日寄上些，当与这信前后到。

思成身子究竟怎么样，思顺细细看察，和我说真实话。

成、永二人赶紧各照一相寄我看看。我本来打算二十后就到北戴河去，但全国图书馆协会月底在京开成立会，我不能不列席，大约六月初四、初五始能成行。

我昨晚又作一首诗给姚胖子五十寿，做得好顽极了，过两天我一齐写好给小宝贝庄庄。我近日精神焕发，什么事都做得有趣。

茫父堕地来，未始作老计。
斗大王城中，带发领一寺。
廿年掩关忙，百虑随缘肆。
疏疏竹几茎，密密花几队。
半秃笔几管，破碎墨几块。
挥汗水竹石，呵冻篆分隶。
弄舌昆弋簧，鼓腹椒葱豉。
食擘唐画砖，睡抱马和志。
校碑约髯周，攘臂哄真伪。
脯饮来破寒，诙谑遂鼎沸。
烂漫孺子心，傥荡狂奴态。
晓来揽镜诧，五十忽已至。
发如此种种，老矣今伏未。
镜中人輾然，那得管许事。
老屋蹋穿空，总有天遮蔽。
去年穷不死，定活一百岁。

芍药正盛开，胡蝶成团戏。
豆苗已可摘，玄鲫恰宜脍。
昨日卖画钱，况够供一醉。
相携香满园，大嚼不为泰。

与思顺书

小乖乖你赶紧收好吧

[1925年5月13日]

小宝贝庄庄：

我想你的狠，所以我把这得意之作裱成这玲珑小巧的精美手卷寄给你。你姊姊呢，他老成了，不会抢你的。你却要提防你那两位淘气的哥哥，他们会气不忿呢，万一用杜工部那“剪取吴淞半江水”的手段来却懵了，小乖乖你赶紧收好吧。

乙丑五月十三日　爹爹寄爱

与孩子们书

这些话都是我切实受用的所在

[1925年 7 月10日]

孩子们：

我像许久没有写信给你们了。但是前几天寄去的相片，每张上都有一首词，也抵得过信了。

今天接着大宝贝五月九日、小宝贝五月三日来信，狠高兴。那两位“不甚宝贝”的信，也许明后天就到罢？

我本来前十天就去北戴河，因天气狠凉，索性等达达放假才去。他明天放假了，却是还在狠凉，一面张、冯开战消息甚紧，你们二叔和好些朋友都劝勿去，现在去不去还未定呢。

我还是照样的忙，近来和阿时、忠忠三个人合作做点小顽意，把他们做得兴高采烈。我们的工作多则一个月，少则三个礼拜，便做完。做完了，你们也可以享受快乐。你们猜猜干些什么？

庄庄，你的信写许多有趣话告诉我，我喜欢极了。你往后只要每水船都有信，零零碎碎把你的日常生活和感想报告我，我总是喜欢的。我说你“别耍孩子气”，这是叫你对于正事——如做功课，与及料理自己本身各事等——自己要拿主意，不要依赖人。至于做人带几分孩子气，原是好的。你看爹爹有时还“有童心”呢。

你入学校，还是在加拿大好。你三个哥哥都受美国教育，我们家庭要变“美国化”了！我狠想你将来不经过美国这一级（**也并非一定如此，还要看环境的利便**），便到欧洲去，所以在加拿大预备像更好。稍旧一点的严正教育，受了狠有益，你还是安心入加校罢。**至于未能立进大学，这有什么要紧，“求学问不是求文凭”，总要把墙基越筑得厚越好。你若看见别的同学都入大学，便自己着急，那便是“孩子气”了。**

思顺对于徽音感情完全恢复，我听见真高兴极了。这是思成一生幸福关键所在，我几个月前狠怕思成因此生出精神异动，毁

掉了这孩子，现在我完全放心了。

思成前次给思顺的信说："感觉着做错多少事，便受多少惩罚，非受完了不会转过来。"**这是宇宙间唯一真理，佛教说的"业"和"报"就是这个真理（我笃信佛教，就在此点，七千卷《大藏经》也只说明这点道理），凡自己造过的"业"，无论为善为恶，自己总要受"报"，一斤报一斤，一两报一两，丝毫不能躲闪，而且善和恶是不准抵消的。**佛对一般人说轮回，说他（佛）自己也曾犯过什么罪，因此曾入过某层地狱，做过某种畜生，他自己又也曾做过许多好事，所以亦也曾享过什么福……如此，恶业受完了报，才算善业的账。若使正在享善业的报的时候，又做些恶业，善报受完了，又算恶业的账，并非有个什么上帝做主宰，全是"自业自得"，又并不是像耶教说的"到世界末日算总账"，全是"随作随受"。又不是像耶教说的"多大罪恶一忏悔便完事"，忏悔后固然得好处，但曾经造过的恶业，并不因忏悔而灭，是要等"报"受完了才灭。佛教所说的精理，大略如此。他说的六道轮回等等，不过为一般浅人说法，说些有形的天堂地狱，其实我们刻刻在轮回中，一生不知经过多少天堂地狱。即如思成和徽音，去年便有几个月在刀山剑树上过活！这种地狱比城隍庙十王殿里画出来还可怕，因为一时造错了一点业，便受如此惨报，非受完了不会转头。倘若这业是故意造的，而且不知忏悔，则受报连绵下去，无有尽时。因为不是故意的，而且忏悔后又造善业，所以地狱的报受够之后，天堂又到了。若能绝对不造恶业（**而且常造善业——最大善业是"利他"**），则常住

天堂（这是借用俗教名词）。佛说是“涅槃”（涅槃的本意是“清凉世界”）。我虽不敢说常住涅槃，但我总算心地清凉的时候多，换句话说，我住天堂时候比住地狱的时候多，也是因为我比较少造恶业的缘故。我的宗教观、人生观的根本在此，这些话都是我切实受用的所在。因思成那封信像是看见一点这种真理，所以顺便给你们谈谈。

思成看着许多本国古代美术，真是眼福，令我羡慕不已，甲胄的扣带，我看来总算你新发明了（可得奖赏）。或者书中有讲及，但久已没有实物来证明。

昭陵石马怎么会已经流到美国去，真令我大惊！那几只马是有名的美术品，唐诗里“可要昭陵石马来”，“昭陵风雨埋冠剑，石马无声蔓草寒”，向来诗人讴歌不知多少。那些马都有名字——是唐太宗赐的名，画家、雕刻家都有名字可考据的。我所知道的，现在还存四只（我们家里藏有拓片，但太大，无从裱，无从挂，所以你们没有看见），怎么美国人会把他搬走了！若在别国，新闻纸不知若何鼓噪，在我们国里，连我恁么一个人，若非接你信，还连影子都不晓得呢。可叹，可叹！

希哲既有余暇做学问，我狠希望他将国际法重新研究一番，因为欧战以后，国际法的内容和从前差得太远了。十余年前所学，现在只好算古董，既已当外交官，便要跟着潮流求自己职务上的新智识。还有中国和各国的条约全文，也须切实研究。希哲能趁这个空闲做这类学问最好。若要汉文的条约汇纂，我可以买得寄来。

和思顺、思永两人特别要说的话，没有什么，下次再说罢。

思顺信说“不能不管政治”，近来我们也狠有这种感觉。你们动身前一个月多人凝议，也就是这种心理的表现。现在除我们最亲密的朋友外，多数稳健分子也都拿这些话责备我，看来早晚是不能袖手的。现在打起精神做些预备工夫（这几年来抛空了许久，有点吃亏），等着时局变迁再说罢。

（此处有删节。）

老Baby好顽极了，从没有听见哭过一声，但整天的喊和笑也狠够他的肺开张了。自从给亲家收拾之后，每天总睡十三四个钟头，一到八点钟，什么人抱他，他都不要，一抱他，他便横过来，表示他要睡，放在床上爬几爬，滚几滚，就睡着了。这几天有点可怕！——好咬人，借来磨他的新牙，老郭每天总要着他几口。他虽然还不会叫亲家，却是会填词送给亲家，我问他，“是不是要亲家和你一首？”他说，“得、得、得，对、对、对。”

夜深了，不和你们顽了，睡觉去。

七月十日　爹爹

前几天填得一首词，词中的寄托，你们看得出来不？

〔浣溪沙·端午后一日夜坐〕

乍有官蛙闹曲池；

更堪鸣砌露蛩悲！

隔林辜负月如眉。

坐久漏签催倦夜，

归来长簟梦佳期，

不因无益废相思，

与孩子们书

你们若愿意，我便把他留下

[1925年8月3日]

对岸一大群可爱的孩子们：

我们来北戴河已两星期了，这里的纬度和阿图和差不多。来后刚碰着雨季，天气狠凉，穿夹的时候狠多，舒服得狠，但下起雨来，觉得有些潮闷罢了。

我每天总是七点钟以前便起床，晚上睡觉没有过十一点以后，中午稍为憩睡半点钟。酒没有带来，故一滴不饮。天晴便下海去，每日多则两次，少则一次。散步时候也狠多，脸上手上都晒成漆黑了。

本来是来休息，不打算做什么功课，但每天读的书还是不少，著述也没有间断。每天四点钟以后便打打牌，和“老白鼻”顽顽，绝不用心，所以一上床便睡着，从没有熬夜的事。

我向来写信给你们都是在晚上，现在因为晚上不执笔，所以半个月竟未曾写一封信，谅来忠忠们去的信也不少了。

庄庄跟着驼姑娘补习功课，好极了，我想不惟学问有长进，还可以练习许多实务，我们听见都喜欢得了不得。

庄庄学费每年七百美金便够了吗？今年那份，我回去替他另折存储起来。今年家计总算狠宽裕，除中原公司外，各种股份利息都还照常。执政府每月八百元夫马费，已送过半年，现在还不断。商务印书馆售书费两节共收到将五千元。从本月起清华每月有四百元。预计除去各种临时支出——如办葬事、修屋顶及寄美洲千元等——之外，或者尚有敷余，我便将庄庄这笔提出（今年不用，留到他留学最末的那年给他）。便是达达、司马懿、六六的游学费，我也想采纳你的条陈，预早（从明年）替他们贮蓄些，但须看力量如何才来定多少。至于老白鼻那份，我打算不管了，到他出洋留学的时候，他有恁么多姊姊哥哥，还怕供给他不起吗?

坟园工程已择定八月十六日动工了，一切托你二叔照管。昨天正把图样工料价格各清单寄来商量。若圹内用石门四扇（双圹，连我的生圹合计），则共需千二百余元（连围墙工在内）；若不用石门，只用砖圹堵住洞口，则六百余元便够。我想四周用“塞门德”灰泥，底下用石床，洞口用砖也够坚固了。四扇石门价增一倍，实属靡费，已经回信你二叔不用石门了（如此则连买地葬仪种种合计二千元尽够了）。你们意思如何？若不以为然，可立即回信，好在葬期总在两个月后，便加增也来得及。

我打算做一篇小小的墓志铭，自作自写，埋在圹中，另外请陈伯严先生做一篇墓碑文，请姚茫父写，写好藏起，等你们回来后才刻石树立。因为坟园外部的工程，打算等思成回来布置才好。

现在有一件事和希哲、思顺商量：我们现在北戴河借住的是章仲和的房子，他要出卖，索价万一千，大约一万便可得。他的房子在东山，据说十亩有零的面积，但据我们看来像不止此数。房子门前直临海滨，地点极好，为海浴计，比西山好多了。西山那边因为中国人争买，地价狠高（东山这边都是外国人房子，中国人只有三家），靠海滨的地，须千元以上一亩，还没人肯让。仲和这个房子，工料还坚固，可住的房子有八间，开间皆甚大。若在现时新建，只怕六千元还盖不起。家具也齐备坚实，新置恐亦须千五百元以上。现在各项虽旧，最少亦还有十多年好用。若将房子家具作五千元计，那么地价只合五千元，合不到五百元一亩，总算便宜极了。我想我们生活根据地既在京津一带，北戴河有所房子，每年来住几个月（仲和初买来时费八千元，现在他忙着钞用，所以要卖，将来地价必涨，我们若转卖也决不至亏本），于身体上精神上都有益。所以我狠想买他。但现在家计情形勉强对付，五千元认点利息也还可以，一万元便太吃力了。所以想和你们打伙平分，你们若愿意，我便把他留下。

房子在高坡上，须下三十五级阶石才到平地。那平地原有一个打球场，面积约比我们天津两院合计一样大。我们买过来之后，将来若有余钱，可以在那里再盖一所房子。思成回来便可以拿做试验品。我想思成、徽音听见一定高兴。

瞻儿有人请写对子，斐儿又会讲书，真是了不得，照这样下去，不久就要比公公学问还高了。你们要什么奖品呢？快写信来，公公就寄去。

达达快会凫水了，做三姊的若还不会，仔细他笑你哩！

老白鼻来北戴河，前几天就把“鸦片烟”戒了，一声也没有哭过，真是乖。但他至今还不敢下海，大约是怕冷罢。

三姊白了许多，小白鼻红了许多，老白鼻却黑了许多了。昨天把秃瓜瓜越发剃得秃。三姊听见又要怄气了。今天把亲家送的丝袜穿上，有人问他“亲家送的袜子”，他便卷起脚来，他这几天学得专要在地下跑（扶着我的手杖充老头），恐怕不到两天便变成泥袜了。

现在已到打牌时候，不写了。

八月三日　爹爹

思成、思永到底来了没有？若他们不能越境，连我也替你们双方着急。

与思顺书

北戴河房子我实在爱他不过，已决定买了

[1925年8月12日]

思顺：

到北戴河后已接你三封信了，我的去信实在较少，但也有好几封，想今日都陆续接到了。达达他们实在懒，但我知道他们常常把信写起，过一会忘却寄也就算了。初次接到你信说没有蔬菜吃，他们曾每人画一幅——萝卜白菜之类，说送给你们，到底寄

去没有。

思成、思永学校里都把分数单寄到，成绩好极了。今转寄给你看，我自然要给奖品，你这老姊姊也该给点才好。

坟园已动工，二叔来两信寄阅，增百元将该地全买，妙计。石门所费既加增有限，已复书仍用之，亦令你们心里较安也。

北戴河房子我实在爱他不过，已决定买了。你若有力搭伙，则我将此间留支薪俸扣用，若你们也等钱用，则再将保险单押款买下亦得，现已调查清楚，此方若在今日建筑，非万金不办（大开间住房八间，小屋四间，下房、厨房、浴室等七间，全部石墙脚），家具新置亦须三千，外地则有十八亩，若以西山滨海地价计，须万八千也。现在有人要抢，我已电上海告仲和为我留下矣。此地四时皆可居，我退老后极欲常住此也。

别的话在成、永、庄信上说了，不多说罢。

八月十二日　爹爹

阿时们要出一张《特国周报》的老白鼻特号，说了许久，竟没有出来。我已经限期即出了。

与顺儿书

我想你们听见一定喜欢，不过现在经济上吃点力罢了

[1925年8月16日]

顺儿：

昨日又接七月二十日信，我六、七两月寄信狠多（相片等项），想已陆续收到了。北大有些人对我捣乱，其实不过少数。彼文发表后，大多数人都不以为然，我答复出后，他们即噤若寒蝉，全国舆论皆对我表同情。你所忧虑的绝对无其事，请放心罢。只是这回交涉太可惜了。病根全在政府"打民话"，误了交涉步骤，现在已完全失败了。我一个月前曾有一小词，写给你们看。

〔浣溪沙·端午后一日夜坐〕

乍有荒蛙闹曲池；

更堪鸣砌露蛩悲！

隔林辜负月如眉。

坐久漏签催倦夜，

归来长簟梦佳期，

不因无益废相思。

看看这首词，可以略知我心事了。

我近来政治兴味并不减少，只是并没有妨害著述事业。

到北戴河以来，顽的时候多，著述成绩狠少，却已把一部《桃花扇》注完，狠有趣。

在此虽然甚闲，却也似甚忙。每天七点多钟起来，在院子稍微散步，吃点心下来，便快九点了。只做两点多钟正经功课，十一点便下海去。回来吃中饭，睡一睡午觉，起来写写信，做些杂课。四点后便打牌。六点多钟吃晚饭，饭后散步回来，有时打牌，有时闲谈，便过一天了。因为四点钟后便无所用心，所以每天倒床便睡着（十点前后睡），大约我生平讲究卫生，以这一个月为最了。

我讲段笑话给你们听：有一天，我听见人说离此约十里地方钓鱼最好。我回来说给孩子们听，他们第二天一定就要去。我看见天色不好，有点沉吟，他们却已预备齐全了，牵率老夫只好同去。还没有到目的地，便下起小雨来，只好硬着头皮说"斜风细雨不须归"。那里知道跟着便是倾盆大雨。七个人在七个驴子上，连着七个驴夫，三七二十一件动物，都变成落汤鸡，回来全身衣服绞出一大桶水。你说好笑不好笑？幸亏桂儿们没有在此，不然一定也着了。我们到底买得两尾鱼、六个大螃蟹，就算凯旋。这段故事我劝他们登在《特国周报》里，主笔先生说面子上不好看，不肯登，我只好把他揭出来。

我们做了两天园工，把园中的恶木斫了一百多棵（其实不甚恶——都是洋槐，若在天津一棵总值几元），把荒草拔去几丘，露出树荫下绝好一个小园，我前天就在树荫下睡午觉，昨天在那

里打了十圈牌。司马懿、六六拾得许多螺蛤，够把我们新辟的曲径都滚上边了。我们全家做工的时候，便公举老白鼻监工。但这位监司是“卧治”的，不到一会工夫便在树底藤床上酣睡，我们这些工人趁着空儿都一哄而散，下海去了。

房子用一万元买得，昨天已交割了。我狠爱这地方，若是每年能在此住几个月，身子一定加倍强壮。我想你们听见一定喜欢，不过现在经济上吃点力罢了。

小六从南方来，昨天早上到此。他不久还要到湖南去。

今日坟园动工了，我打算就用周忌日下葬。不知工程能赶及否，但稍迟也无妨。

你七叔及廷灿还未回来。港、粤交通断绝，不知他们几时能来哩。

桂儿奖品，我正在这里想着预备哩，大约总不外秀才人情罢。

八月十六日　爹爹

与顺儿书

我现在觉得有点苦，但我努力兼顾

[1925年9月3日]

顺儿：

我们从北戴河返津，已一礼拜了。返时便得你们游尼加拉瀑及千岛许多信及明信片，高兴之至。因连日极忙，故匆匆回思庄

一信外，别的信都没有写，现在就要入北京了，在京怕更忙，今晚草草写这一信。

葬期已择定旧历八月十六，即周忌之次日。你二叔这个月以来天天在山上监工（因为石工非监不可），独自一人住在香云旅馆，勤劳极了。你们应该上二叔一书致谢。

墓志铭因赶不及，打算不用了。请曾刚甫年伯撰一墓碑，慢慢的选石精刻。

据二叔来信，全部葬事连买地工程葬仪在内，约费二千五百元，在不丰不俭之间，你们亦可以算尽心了。

你前信请把灵柩留一照片，我大不以为然。留有相片便是了，何必灵柩？等到时再酌斟罢。

家中灵位朝夕上食，向例有至大祥止者（二十五个月），有至小祥至者（十三个月），现在既全家在京住，上食到底办不到，故决意于周忌日（恰十三个月）即请上神道，不复朝夕供了。去北戴河时我原想写一灵位，请去朝夕上食，扶乩说不必，那四十天也没有上食了。惟在戴常常扶乩，每烧香后一两分钟便到（不烧香不到）。你妈妈既然说不吃东西（昨日中元别供水果而已），也不必用此具文了，你们意为何如。

寄去一千元美金，想已收。**你们那边谅来钱狠紧，非在国内接济不可者。函言北戴河房子认半份事，请你和希哲斟酌力量如何？若实不能，不认亦可，或认而分长期扣出亦可。**现在除用去年保险公司借款留下之六千元外，连葬事及北戴房一共算来今年尚不必透支，因为卖书卖字收入颇多（执政府亦一弥补，但近两

月来未送），但替思庄们提贮学费事，只好暂缓了。

国内危机四伏，大战恐又在目前，我只祝等我们葬事完了才发动，不知能待到那时否。

（此处有删节。）

百里现在在长江一带。军界势力日益膨胀，日内若有战事，他便是最重要的一个角色，因此牵率老夫之处亦不少。他若败，当然无话可说（但于我绝无危险，因我不参与军事行也，请放心），若胜，恐怕我的政治生涯不能不复活（胜的把握我觉得狠少），我实在不愿意，但全国水深火热（黄萃田在广东方面活动，政府已全权委他，但我亦不敢乐观，他昨日南下，在我们家里上车，忠忠听我嘱付他的话，说"易水送荆卿"哩），又不能坐视，奈何。

我现在觉得有点苦，因为一面政治问题、军事问题前来报告商榷者，络绎不绝，一面又要预备讲义，两者太不相容了，但我努力兼顾，看看如何，若能两不相妨，以后倒可以开出一种新生活。

我自北戴河归来后，仍每日早起（总不过八点钟），酒也绝对不饮了，可惜你们远隔，若看见我结实的脸色，你们定高兴极了。

你二叔那边新添两位孪生的妹妹。前天王姨入京正值分娩，母子平安。

本来还要另写信给思成、思永们，但已夜深，要睡了，入京后有空再写罢（你妈妈总说思永不曾到阿固利，到底是不是）。

与思顺书

这种子弟之礼是要常常在意的

[1925年9月13日]

孩子们：

前日得思成（八月）十三日，思永十二日信，今日得思顺八月四日及十二日两信，庄庄给忠忠的信也同时到，成、永此时想已回美了，我狠着急，不知永去得成去不成，等下次信就揭晓了。

我搬到清华已经五日了（住北院教员住宅第二号）。因此次乃自己租房住，不受校中供应，王姑娘又未来（因待送司马懿入学），廷灿又围困在广东至今未到，我独自一人住着不便极了。昨天大伤风（连夜不甚睡得着），有点发烧，想洗热水澡也没有，找如意油、甘露茶也没有，颇觉狼狈，今日已渐好了。王姨大约一二日也来了，以后便长住校中，你们来信可直寄此间，不必由天津转了。

校课甚忙——大半也是我自己找着忙——我狠觉忙得有兴会。新编的讲义极繁难，费的脑力真不少。盼望老白鼻快来，每天给我舒散舒散。

葬期距今仅有二十天了。你二叔在山上住了将近一月，以后还须住一月有奇，住在一个小馆子内，菜也吃不得，每天跑三十里路，大烈日里在坟上监工。从明天起搬往香山见心斋住（稍微

舒服点），但离坟更远，跑路更多了。这等事本来是成、永们该做的，现在都在远，忠忠又为校课所迫，不能效一点劳，倘若没有这位慈爱的叔叔，真不知如何办得下去。我打算到下葬后，叫忠忠们向二叔磕几头叩谢。你们虽在远，也要各个写一封信，恳切陈谢（庄庄也该写），谅来成、永写信给二叔更少。这种子弟之礼是要常常在意的，才算我们家的乖孩子。

厨子事等王姨来了再商量。现在清华电灯快灭了，我试上床去，看今晚睡得着不。晚饭后用脑，便睡不着，奈何，奈何！

九月十三日　爹爹

与思顺、思成、思永、思庄书

汝等不必以我过劳为虑也

[1925年9月20日—21日]

思顺、思成、思永、思庄同读：

距葬期仅十三日矣。吾今日始能赴墓次巡视，开圹深至二丈，而土质干燥细软，觉虽生人居此亦甚适，真佳城也。初时本拟旧历九月乃葬，经“日者”（《日者列传》见《史记》，即择日也。此日者乃同乡一老进士）选定谓八月十六日辰时为千年难得之良辰，故提前半月赶工，中间曾有四日夜，每日做工二十四小时，分四班轮做。二叔之辛勤，不可名状矣。坟园一切布置，皆出二叔意匠（此外麻烦事甚多，如收买园旁余地、筑桥、浚井等等，家内各种布置及工程，二叔最用心），二叔极得意，吾亦

深叹其周备。现在规模已具，所余冢顶上工作，如用西式墓表等事，及墓旁别墅之建筑等，则待汝兄弟归来时矣。

八月十五日晨八时举行周年祭。十时由广惠寺发引，初本拟用汽车装运，后因种种不便，仍改用抬（最大原因是灵柩不许入城，自前清以来，非奉特旨不可，而西便门外无马路，汽车振动，恐于遗骸有损，用相当的仪仗，出西便门后改小杠），届时我及亲友只送到西便门便返，而乘车赴墓先候。惟思忠（小六愿陪之）一人扶柩步行送山上（中间若惫，则间坐洋车），约费七点钟，决可到。是晚亦仅由思忠及小六守灵（警察八人彻夜轮班守卫），我率王姨等在香山住。葬后便无事，惟二叔监圹外工，约尚须一月耳。

神道碑文请曾年伯作，但刻石建立等事皆在后。

此次葬事所费统计恐须超过三千元，虽稍费，然足使汝辈心安，不致后悔。好在此款全由执政府夫马费项下支给已有余。二叔今日笑谓无异国葬也。

吾日来之忙，乃出情理外。二叔、王姨向我唧哝多次，但此乃研究院初办，百事须计画，又加以他事，故致如此耳。十日半月后当然逐渐清简，汝等不必以我过劳为虑也。

日来许多“校长问题”，纠缠到我身上，亦致忙之一。师大不必论，教职员、学生、教育部三方面合起来打我的主意。北大与教部宣战，教部又欲以我易蔡，东南大学则教部、苏省长、校中教员、学生此数日内又迭相强迫。北大问题最易摆脱，不过一提便了。现在师大、东大尚未肯放手。我惟以极诚恳之辞坚谢

之，然即此亦费我时间不少也。

廷灿尚困在广东，不能来，种种感不便，急极，现只得叫阿时来，但亦仅能于抄写方面稍助耳。又六六一人在津，太可怜，日内拟唤来，令阿时授课。灯要灭了，再说罢。

九月二十日，即旧八月初三日　爹爹

林紫垣账单已付讫。

做帘子的信当时被老白鼻撕吃了，尺寸各项俱不知，若仍要做，可再写一信，专给王姨详说（给我信怕我一时忙乱失掉）。

今日寄去《后汉书》《战国策》《左传》及各种小说、识字方格种种，分十余包（共十一包），谅不久便到。

九月廿一日

此次家内石材好极了，据包工人说，当初定合同时，正愁附近无地觅整块佳石，姑且承应，徐图设法，不料合同签定后，即晚大雷，将前山一大石岩震下，材料恰敷我家工程之用，该石工欲拾其余应他工，待用下来，则除我家所需者，更无余云云。工人谓我家有天助，彼辈做工更不敢不勤慎，有一二处工程原定合同未列举者，该工头愿意报效（因采石省力，彼意外的能赚钱）。汝二叔待诸工有恩，故诸工皆感激，此次工作凡内行者看见，皆惊甚便宜，将来完工后拟大大犒赏他们。

种树计画二叔亦已略定墓顶环一圆圈，满植松柏，墓道两行松柏与马缨花相间，围墙四周满植枫树，院内分植诸果及杂花，外院种瓜蔬，此皆明年事也。汝等归来时当葱郁可观矣。

吾初到清华时，连夜不能睡，颇觉困顿，前昨两晚已好了，倒床便睡，八点前便起，精神狠好，此两晚皆饭后不用心不执笔，故如此。以后能保持此状与否，不敢告，总望努力办到耳。

爹爹　廿一日

与思顺书

万不可以自馁

[1925年9月24日]

极盼汝姊妹兄弟团聚的来信，今得八月二十日信，知思庄已返，成、永正游大瀑，想下次信当令我满足矣。

思庄英文不及格，绝不要紧，万不可以自馁。学问求其在我而已。汝等都会自己用功，我所深信。将来计算总成绩不在区区一时一事也。

我依然极忙，触想便写几句寄去。二叔在山上，来信附寄。亦令汝等知工作之一斑也，现距葬期仅八日矣。

爹爹　廿四日

与思顺、思成、思永、思庄书

我实在哀痛之极、悔恨之极

[1925年9月29日]

顺、成、永、庄：

我昨日用一日之力，做成一篇告墓祭文，把我一年多蕴积的哀痛，尽情发露。顺儿呵，我总觉得你妈妈这个怪病，是我们打那一回架打出来的。**我实在哀痛之极、悔恨之极，我怕伤你们的心，始终不忍说，现在忍不住了，说出来也像把自己罪过减轻一点。我经过这几天剧烈的悲悼，以后便刻意将前事排去，决不更伤心，你们放心罢。**

祭文本来该焚烧的，我想读一遍，你妈妈已经听见，不如将原稿交你保存（将来可装成手卷）。你和庄庄读完后，立刻抄一份寄成、永传观（《晨报》已将稿抄去，如已登出，成、永便得见，不必再抄了。十月三日补写），过些日子我有空还打算另写一份寄思成。

葬礼一切都预备完成了。王姨今日晚车返天津，把达达们带来。十五清晨行周忌祭礼，十点钟发引，忠忠一人扶柩，我们都在山上迎接。在山上住一夜，十六日八点钟安葬。

爹爹　九月廿九日

与思顺、思成、思永、思庄书

从此之后，你妈妈真音容永绝了

[1925年10月3日]

爱儿思顺、思成、思永、思庄：

葬礼已于今日（十月三日，即旧历八月十六日）上午七点半钟起至十二点钟止，在哀痛庄严中完成了。

葬前在广惠寺作佛事三日。昨晨八点钟行周年祭礼，九点钟行移灵告祭礼，九点二十分发引，从两位舅父及姑丈起，亲友五六十人陪我同送到西便门（步行），时已十一点十分（沿途有警察照料），我们先返，忠忠、达达扶柩赴墓次。二叔先在山上预备迎迓（二叔已半月未下山了）；我回清华稍憩，三点半钟带同王姨、懿、宁、礼赴墓次。直至日落时忠等方奉柩抵山。我们在甘露旅馆一宿，思忠守灵，小六、煜生陪他一夜。有警察四人值夜逻巡，还有工人十人告奋勇随同陪守。

今晨七点三十五分移灵入圹。从此之后，你妈妈真音容永绝了。全家哀号，悲恋不能自胜，尤其是王姨，去年产后，共劝他节哀，今天尽情一哭，也稍抒积痛。三姑也得尽情了。最可怜思成、思永，到底不能够凭棺一恸。人事所限，无可如何，你们只好守着遗像，永远哀思罢了。我的深痛极恸，今在祭文上发泄，你们读了便知我这几日间如何情绪。下午三点钟我回到清华。现在虽余哀未忘，思宁、思礼们已嬉笑杂作了。唐人诗云：“纸灰

飞作白蝴蝶，血泪染成红杜鹃。日落狐狸眠冢上，夜归儿女笑灯前。”真能写出我此时实感。

昨日天气阴霾，正狠担心今日下雨，凌晨起来，红日杲杲，始升葬时，天无片云，真算大幸。

此次葬礼并未多通告亲友，然而会葬者竟多至百五六十人。各人皆黎明从城里乘汽车远来，汽年把卧佛寺前大路都挤满了。祭席共收四十余桌，送到山上的且有六桌之多，盛情真可感。

你们二叔的勤劳，真是再没有别人能学到了。他在山上住了将近两个月，中间仅入城二次，都是或一宿而返，或当日即返，内中还开过六日夜工，他便半夜才回寓。他连椅子也不带一张去，终日就在墓次东走走西走走。因为有多方面工程他一处都不能放松。他最注意的是圹内工程，真是一砖一石，都经过目用过心了。我窥他的意思，不但为妈妈，因为这也是我的千年安宅，他怕你们少不更事，弄得不好，所以他趁他精力尚壮，对于他的哥哥尽这一番心。但是你们对于这样的叔叔，不知如何孝敬，才算报答哩。今天葬礼完后，我叫忠忠、达达向二叔深深行一个礼，谢谢二叔替你们姐弟担任这一件大事。你们还要每人各写一封信叩谢才好。

我昨日到清华憩息时，刚接到你们八月三十日来信。信上说起工程的那几句话，哪里用着你们担心，二叔早已研究清楚了。他说先用塞门特不好，要用塞门特和中国石灰和和做成一种新灰，再用石卵或石末或细砂来调（某处宜用石卵，某处宜用细砂，我也说不清楚，但你二叔讲起来如数家珍），砖缝上一点泥

没有用过，都是用他这种新灰，冢内圹虽用砖，但砖墙内尚夹有石片砌成的圹，石坛都用新灰灌满，圹内共用新灰原料，专指塞门特及石灰，所调之砂石等在外，一万二千余斤。二叔说算是全圹熔炼成一整块新石了。开穴入地一丈三尺，圹高仅七尺，圹之上培以新灰炼石三尺，再培以三尺普通泥土，方与地平齐。二叔说圹外工程随你们弟兄自出心裁，但他敢保任你们要起一座大塔，也承得住了。据我看果然是如此。

圹内双冢，你妈妈居右，我居左。双冢中间隔以一墙，墙厚二尺余，即由所谓新灰炼石者制成。墙上通一窗，丁方尺许。今日下葬后，便用浮砖将窗堵塞。二叔说到将来我也到了，便将那窗的砖打开，只用红绸蒙在窗上。合葬办法原有几种：（一）是同一冢，内置两石床。这是同时并葬乃合用。既分先后，则第二次葬时恐伤旧冢，此法当然不适用。（二）是同一坟园分造两冢。但此已乖同穴主义，我不愿意。（三）便是现今所用两冢同一圹，中隔以一墙。第二次葬时旧冢一切不劳惊动，这是再好不过了。还有一件是你二叔自出意匠：他在双冢前另辟一小院子，上盖以石板，两旁用新灰炼石，墙前面则此次用砖堵塞，如此则今次封圹之后，泥土不能侵入左冢，将来第二次葬时将砖打开，葬后再用新灰炼石造一墙，便千年不启。你二叔今日已将各种办法，都详细训示思忠。因为他说第二次葬时，不知他是否还在，即在也怕老迈不能经营了。所以要你们知道，而且遵守他的计画。他过天还要画一圹内的图，将尺寸说明，预备你们将来开圹行第二次葬礼时用。你们须留心记著，不可辜负二叔两个月来心血。

工程坚美而价廉，亲友参观者无不赞叹。盖因二叔事事考究、样样在行，工人不能欺他，他又待工人有恩礼，个个都感激他，乐意出力。他说从前听见罗素说：中国穿短衣服的农人、工人，个个都有极美的人生观。他前次不懂这句话怎么解，现在懂得了。他说，住在都市的人都是天性已漓。他这两个月和工人打伙，打得滚热，才懂得中国的真国民性。我想二叔这话狠含至理，但非其人，也遇着看不出罢了。

二叔说他这两个月用他的科学知识和工人的经验合并起来，新发明的东西不少，建筑专家或者还有些地方要请教他哩。思成你写信给二叔，不妨提提这些话，令他高兴。二叔当你妈妈病时，对于你狠有点呕气，现在不知气消完了没有。你要趁这机会，大大的亲热一下，令他知道你天性未漓，心里也痛快。你无论功课如何忙，总要写封较长而极恳切的信给二叔才好。

我的祭文也算我一生好文章之一了。情感之文极难工，非到情感剧烈到沸点时，不能表现他（文章）的生命，但到沸点时又往往不能作文。即如去年初遭丧时，我便一个字也写不出来。这篇祭文，我做了一天，慢慢吟哦改削，又经两天才完成。虽然还有改削的余地，但大体已狠好了。其中有几段，音节也极美，你们姊弟和徽音都不妨熟诵，可以增长性情。

昨天得到你们五个人的杂碎信，令我于悲哀之中得无限欢慰。但这封信完全讲的葬事，别的话下次再说罢。我也劳碌了三天，该早点休息了。

十月三日　旧历八月十六　爹爹

与孩子们书

这才是我们忠厚家风哩

[1925年11月9日]

国内近来乱事想早知道了，这回怕狠不容易结束，现在不过才发端哩。因为百里在南边（他实是最有力主动者），所以我受的嫌疑狠重，城里头对于我的谣言狠多，一会又说我到上海（报纸上已不少，私人揣测更多），一会又说我到汉口。尤为奇怪者，林叔叔狠说我闲话，说我不该听百里们胡闹，真是可笑。儿子长大了，老子也没有法干涉他们的行动，何况门生和后辈？即如宗孟去年的行动，我并不赞成，然而外人看着也许要说我暗中主使，我从那里分辩呢？外人无足怪，宗孟狠可以拿已身作比例，何至怪到我头上呢？总之，宗孟自己走的路太窄，成了老鼠入牛角，转不过身来，一年来已狠痛苦，现在更甚。因为二十年来的朋友，这一年内都分疏了，他心里想来非常难过，所以神经过敏，易发牢骚，本也难怪，但觉得可怜罢了。

国事前途仍无一线光明希望。百里这回卖恁么大气力（许多朋友亦被他牵在里头），真不值得（北洋军阀如何能合作）。依我看来，也是不会成功的。现在他与人共事正在患难之中，也万无劝他抽身之理，只望他到一个段落时，急流勇退，留着身子，为将来之用。他的计画像也是如此。

我对于政治上责任固不敢放弃（近来愈感觉不容不引为己

任），故虽以近来讲学，百忙中关于政治上的论文和演说也不少（你们在《晨报》和《清华周刊》上可以看见一部分），但时机总未到，现在只好切实下预备工夫便了。

葬事共用去三千余金。葬毕后忽然看见有两个旧碑狠便宜，已经把他买下来了。那碑是一种名叫汉白玉的，石高一丈三，阔六尺四，厚一尺六，驼碑的两只石龟长九尺、高六尺。新买总要六千元以上，我们花六百四十元，便买来了。初买得来狠高兴，及至商量搬运，乃知丫头价钱比小姐阔的多。碑共四件，每件要九十四骡，才拖得动，拖三日才能拖到，又卸下来及竖起来，都要费莫大工程，把我们吓杀了。你二叔大大的埋怨自己，说是老不更事，后来结果花了七百多块钱把他拖来，但没有竖起，将来竖起还要花千把几百块。现在连买碑共用去四千五百余，存钱完全用光，你二叔还垫出八百余元。他从前借我的钱，修南长街房子，尚余一千多未还，他看见我紧，便还出这部分。我说你二叔这回为葬事，已经尽心竭力，他光景亦不佳，何必汲汲，日内如有钱收入，我打算仍还他再说。

今年狠不该买北戴河房子，现在弄到非常之窘，但仍没有在兴业透支。现在在清华住着狠省俭，四百元薪水还用不完，年底卖书有收入，便可以还二叔了。日内也许要兼一项职务，月可有五六百元收入，家计更不至缺乏。

现在情形，在京有固定职务，一年中不走一趟天津，房子封锁在那边，殊不妥（前月着贼，王姨得信回去一趟，但失的乃不值钱的旧衣服）。我打算在京租一屋，把书籍东西全部搬来，便

连旧房子也出租，或者并将新房子卖去，在京另买一间，你们意思如何？

思成体子复元，听见异常高兴，但食用如此俭薄，全无滋养料，如何要得。我决定每年寄他五百美金左右，分数次寄去。日内先寄中国银二百元，收到后留下二十元美金给庄庄零用，余下的便寄思成去。

思顺所收薪水公费，能敷开消，也算好了，我以为还要赔呢。你们夫妇此行，总算替我了两桩心事：第一件把思庄带去留学，第二件给思成精神上的一大安慰。这两件事有补于家里真不少。何况桂儿姊弟亦得留学机会，顺自己还能求学呢。一二年后调补较好的缺，亦意中事，现在总要知足才好。留支薪俸若要用时，我立刻可以寄去，不必忧虑。

待文杏如此，甚好甚好。这才是我们忠厚家风哩。

廷灿今春已来。他现在有五十元收入，勉强敷用，还能积存些。你七叔明年或可以做我一门功课的助教，月得百元内外。

现在四间半屋子挤得满满的。我卧房一间、书房一间，王姨占一间，七叔便住在饭厅，阿时和六六住半间，倒狠热闹。老白鼻病了四五天，全家都感寂寞，现在全好了，每天拿着亲家相片叫家家，将来见面一定只知道这位是亲家了。

爹爹　十一月九日

与思成书

我从今以后，把他和思庄一样的看待

[1925年12月27日]

今天报纸上传出可怕的消息，我不忍告诉你，又不能不告诉你，你要十二分镇定着，看这封信和报纸。

我们总还希望这消息是不确的，我见报后，立刻叫王姨入京，到林家探听，且切实安慰徽音的娘，过一两点他回来，或者有别的较好消息也不定。

林叔叔这一年来的行动，实亦有些反常，向来狠信我的话，不知何故，一年来我屡次忠告，他都不采纳。我真是一年到头替他捏着一把汗，最后这一着真是更出我意外。他事前若和我商量，我定要尽我的力量扣马而谏，无论如何决不让他往这条路上走。他一声不响，直到走了过后第二日，我才在报纸上知道，第三日才有人传一句口信给我，说他此行是以进为退，请我放心。其实我听见这消息，真是十倍百倍的替他提心吊胆，如何放心得下。当时我写信给你和徽音，报告他平安出京，一面我盼望在报纸上得着他脱离虎口的消息，但此虎口之不易脱离，是看得见的。

前事不必提了，我现在总还存万一的希冀，他能在乱军中逃命出来。万一这种希望得不着，我有些话切实嘱咐你。

第一，你要自己十分镇静，不可因刺激太剧，致伤自己的身

体。因为一年以来，我对于你的身体，始终没有放心，直到你到阿图和后，姊姊来信，我才算没有什么挂虑。现在又要挂虑起来了，你不要令万里外的老父为着你寝食不宁，这是第一层。徽音遭此惨痛，唯一的伴侣，唯一的安慰，就只靠你。你要自己镇静着，才能安慰他，这是第二层。

第二，这种消息，谅来瞒不过徽音。万一不幸，消息若确，我也无法用别的话解劝他，但你可以传我的话告诉他：我和林叔的关系，他是知道的，林叔的女儿，就是我的女儿，何况更加以你们两个的关系。我从今以后，把他和思庄一样的看待，在无可慰藉之中，我愿意他领受我这种十二分的同情，渡过他目前的苦境。他要鼓起勇气，发挥他的天才，完成他的学问，将来和你共同努力，替中国艺术界有点贡献，才不愧为林叔叔的好孩子。这些话你要用尽你的力量来开解他。

人之生也，与忧思俱来，知其无可奈何，而安之若命。你们都知道我是感情最强烈的人，但经过若干时候之后，总能拿出理性来镇住他，所以我不致受感情牵动，糟蹋我的身子，妨害我的事业。这一点你们虽然不容易学到，但不可不努力学学。

徽音留学总要以和你同时归国为度。学费不成问题，只算我多一个女儿在外留学便了，你们更不必因此着急。

爹爹　十二月廿七

与思成书

今天谁也料不到明天的事，只好随遇而安罢了

[1926年1月5日—7日]

思成：

我初二进城，因林家事奔走三天，至今尚未返清华。前星期因有营口安电，我们安慰一会。初二晨，得续电又复绝望（立刻电告你并发一信，想俱收。徽音有电来，问现在何处。电到时此间已接第二次凶电，故不复）。昨晚彼中脱难之人到京面述情形，希望全绝，今日已发丧了。遭难情状，我也不忍详报，只报告两句话：（一）系中流弹而死，死时当无大痛苦；（二）遗骸已被焚烧，无从运回了。我们这几天奔走后事，昨日上午我在王熙农家连四位姑太太都见着了。今日到雪池见着两位姨太太。

现在林家只有现钱三百余元，营口公司被张作霖监视中（现正托日本人保护，声称已抵押日款，或可保全），实则此公司即能保全，前途办法亦甚困难。字画一时不能脱手，亲友赙奠数恐亦甚微。目前家境已难支持，此后儿女教育费更不知从何说起，现在唯一的办法，仅有一条路，即国际联盟会长一职，每月可有二千元收入（钱是有法拿到的）。

我昨日下午和汪年伯商量，请他接手，而将所入仍归林家。汪年伯慷慨答应了。现在与政府交涉，请其立刻发表。此事若办到，而能继续一两年，则稍为积储，可以充将来家计之一部分。我们拟联合几位朋友，连同他家兄弟亲戚，组织一个抚养遗族评议会，托林醒楼及王熙农、卓君庸三人专司执行。因为他们家里问题狠复杂，兄弟亲戚们或有见得到而不便主张者，则朋友们代为主张，这些事过几天（丧事办完后）我打算约齐各人，当着两位姨太太面前宣布办法，分担责成（家事如何收束等等经我们议定后谁也不许反抗）。但现在唯一希望，在联盟会事成功，若不成，我们也束手无策了。徽音的娘，除自己悲痛外，最挂念的是徽音要急杀，我告诉他，我已经有狠长的信给你们了。

徽音好孩子，谅来还能信我的话。我问他还有什么（特别）话要我转告徽音没有。他说："没有，只有盼望徽音安命，自己保养身体，此时不必回国。"我的话前两封信都已说过了，现在也没有别的话说，只要你认真解慰便好了。**徽音学费现在还有多少，还能支持几个月，可立刻告我，我日内当极力设法，筹多少寄来。我现在虽然也狠困难，只好对付一天是一天，倘若家里那几种股票还有利息可分（恐怕最靠得住的几个公司都会发生问题，因为在丧乱如麻的世界中，什么事业都无可做），今年总可勉强支持，明年再说明年的话。**

天下大乱之时，今天谁也料不到明天的事，只好随遇而安罢了。你们现在着急也无益，只有努力把自己学问学够了回来，创造世界才是。

十五年一月五日晚　爹爹　北海图书馆写

今日为林叔作一行述，随讣闻印发，因措辞甚难，牵涉政治问题太多，改用其弟天民名义。汪年伯事，至今尚未发表，焦急

之至。

七日晚 爹爹 清华

今日林宅成服，我未到，因校中已缺课数日，昨夕回校上堂。

与孩子们书

全家都变成美国风，实在有点讨厌

[1926年2月9日]

孩子们：

你们寒假时的信，先后收到了。海马帽昨日亦到，漂亮极了，我立刻就戴着出门（不戴恐怕过两日就天暖了，要到今冬才得戴）。

今日是旧历十二月廿七了。过两天我们就回南长街过新年，达达、司马懿都早已放假来京了。过年虽没有前几年热闹，但有老白鼻凑趣，也还将就得过去。

我的病还是那样，前两礼拜已见好了。王姨去天津，我便没有去看。又狠费心造了一张《先秦学术年表》，于是小便又再红起来，被克礼狠抱怨一会，一定要我去住医院，没奈何只得过年后去关几天。朋友们都劝我在学校里放一两个月假，我看住院后如何再说。其实我这病一点苦痛也没有，精神体气一切如常，只要小便时闭着眼睛不看，便什么事都没有，我觉得殊无理会之必要。

庄庄暑假后进皇后大学最好。全家都变成美国风，实在有点讨厌，所以庄庄能在美国以外的大学一两年，是最好不过的。

今年家计还不至困难，除中原公司外（此处有删节），别的股份都还好，你们不必担心。

小白鼻真乖，居然认的许多字，老白鼻一天到黑“手不释卷”，你们爷儿俩都变成小兽子了。

二月九日　爹爹

菲律宾来单一张寄去。

与孩子们书

不必着急，只须用相当的努力便好了

[1926年2月18日]

孩子们：

我从昨天起被关在医院里了。看这神气，三两天内还不能出院，因为医生还没有找出病源来。我精神奕奕，毫无所苦。医生劝令多仰卧，不许用心，真闷杀人。

以上正月初四写

入医院今已第四日了，医生说是膀胱中长一疙瘩，用折光镜从溺道中插入检查，颇痛苦（但我对此说颇怀疑，因此病已阅半年，小便从无苦痛，不似膀胱中有病也），已照过两次，尚未检

出，检出后或须用手术。现已电唐天如速来。但道路梗塞，非半月后不能到。我意非万不得已不用手术，因用麻药后，体子总不免吃亏也。

阳历新年前后顺、庄各信次第收到。庄庄成绩如此，我狠满足了。因为你原是提高一年，和那按级递升的洋孩子们竞争，能在三十七人考到第十六，真亏你了。好乖乖，不必着急，只须用相当的努力便好了。

寄过两回钱，共一千五百元，想已收。日内打算再汇二千元，大约思成和庄庄本年费用总够了。思永转学后谅来总须补助些，需用多少，即告我。徽音本年需若干，亦告我，当一齐筹来。

庄庄该用的钱就用，不必太过节省。爹爹是知道你不会乱花钱的，再不会因为你用钱多生气的。思成饮食上尤不可太刻苦。前几天见着君劢的弟弟，他说思成像是滋养品不够，脸色狠憔悴。你知道爹爹常常记挂你，这一点你要令爹爹安慰才好。

徽音怎么样？我前月有狠长的信去开解他，我盼望他能领会我的意思。“人之生也，与忧患俱来，知其无可奈何，而安之若命”，是立身第一要诀。思成、徽音性情皆近狷急，我深怕他们受此刺激后，于身体上精神上皆生不良的影响。他们总要努力镇慑自己，免令老人担心才好。

我这回的病总是太大意了，若是早点医治，总不至如此麻烦。但病总是不要紧的，这信到时，大概当已痊愈了。但在学堂里总须放三两个月假，觉得有点对不住学生们罢了。

前几天在城里过年，狠热闹，我把南长街满屋子都贴起春联来了。

军阀们的仗还是打得一塌糊涂。王姨今早上送达达回天津，下半天听说京津路又不通了（不知确否），若把他关在天津，真要急杀他了。

二月十八日　爹爹德国医院三十四号

与孩子们书

永、庄两人当专作这种预备

[1926年2月27日]

孩子们：

我住医院忽忽两星期了，你们看见七叔信上所录二叔笔记，一定又着急又心疼，尤其是庄庄只怕急得要哭了（忠忠真没出息，他在旁边看着出了一身大汗，随后着点凉回学校后竟病了几天，这样胆子小，还说当大将呢。那天王姨送达达回天津没有在旁，不然也要急出病来）。其实用那点手术，并没什么痛苦，受麻药过后也没有吐，也没有发热，第二天就和常人一样了。检查结果，既是膀胱里无病，于是医生当作血管破裂（极微细的）医治，每日劝多卧少动作，说“安静是第一良药”。两三天以来，颇见起色，惟血尚未能尽止（比前好多了），而每日来看病的人络绎不绝（因各报皆登载我在德医院，除《晨报》外），实际上反增劳碌。我狠想立刻出院，克礼说再住一礼拜才放我，只好忍

耐着。许多中国医生说这病狠寻常，只须几服药便好。

我打算出院后试一试，或奏奇效，亦未可知（天如回电不能来，劝我到上海，我想他在吴佩孚处太久，此时来北京，诚有不便，打算吃谭涤安的药罢了）。

忠忠、达达都已上学去，惟思懿原定三月一号上学，现在京津路又不通了，只好留在清华，他们常常入城看我，但城里流行病极多（廷灿染春瘟病极重），恐受传染，今天已驱逐他们都回清华了，惟王姨还常常来看（二叔、七叔在此天天来看），其实什么病都没有。并不须人招呼，家里人来看亦不过说说笑笑罢了。

前两天徽音有电来，请求彼家眷属留京（或彼立归国云云），得电后王姨亲往见其母，其母说回闽属既定之事实，日内便行（大约三五日便动身），彼回来亦不能料理家事，切嘱安心求学云云。他的叔叔说十二月十五（旧历）有详信报告情形，他得信后当可安心云云。我看他的叔叔狠好，一定能令他母亲和他的弟妹都得所，他还是令他自己学问告一段落为是。

却是思成学课怕要稍微变更。他本来想思忠学工程，将来和他合作。现在忠忠既走别的路，他所学单纯是美术建筑，回来是否适于谋生，怕是一问题。我的计画，本来你们姐妹弟兄个个结婚后都跟着我在家里三几年，等到生计完全自立后，再实行创造新家庭，但现在情形，思成结婚后不能不迎养徽音之母，立刻便须自立门户。**这便困难多了，所以生计问题，刻不容缓。我从前希望他学都市设计，只怕缓不济急。他毕业后转学建筑工程何**

如？我对专门学科情形不熟，思成可细细审度，回我一信。

我所望于思永、思庄者，在将来做我助手。第一件，我做的中国史非一人之力所能成，望他们在我指导之下，帮我工作。第二件，把我工作的结果译成外国文。永、庄两人当专作这种预备。

正在偷偷写信，被克礼闯进来看见，又唠叨了好些话，不写了。

二月廿七日　爹爹

今日是元宵，外边花爆声狠热闹。

与孩子们书

我写这封信，是要你们知道我的快活顽皮样子

[1926年3月10日]

大孩子、小孩子们：

贺寿的电报接到了，你们猜我在那里接到？

乃在协和医院三〇四号房！你们猜我现在干什么？刚被医生灌了一杯蓖麻油，禁止吃晚饭。活到五十四岁，儿孙满前，过生日要捱饿！你们说可笑不可笑。

(Baby：你看！公公不信话，不乖乖过生日还要吃泻药，不许吃东西哩！)

我想做一首诗，唱唱这段故事，但做来做去做不好，算了

罢。过用心思，又要受王姨娘们唠叨了。

我这封信写得最有趣，是坐在病床上用医院吃饭用的盘当桌子写的。我发明这项工具，过几天可以在病床上临帖了。

现在还是检查（诊断）时期。昨天查过一次，明天再查一次，就可以确定治疗方法了。协和真好！可惜在德国医院耽搁许多日子，不然，只怕现在已经全好了。

诊断情形，你二叔们当陆续有详细报告，不消我说了。我写这封信，是要你们知道我的快活顽皮样子。

正月二十六日（不知是阳历何日）　爹爹

昨晚院中各科专门医生分头来检查我的身体，各部分都查到了，都说，五十岁以上的人体子如此结实，在中国是几乎看不见第二位哩。

与顺儿书

日来甚安好

[1926年4月19日]

出院后一长函，想收。日来甚安好，小便尚偶尔带红，细验似由走动所致（两次皆因散步稍久），大抵仍是微丝血管破裂，只须不磨擦，便可平复也。**我近来真是无所用心，每日卧床时间总在十二个钟头以上，欲照此办法一两月，看如何。**

前书言派代表往领耶鲁学位事，顷查耶鲁向无派代表例，或

明年来美一顽耍，亦大佳耳。都中情状剧变，四日前城紧闭，现每日仍仅开一两次，每次半个钟头耳。幸我早数日出院，否则王姨不免两头担心矣。

与顺儿书

既不能也不必着急，日子多着哩

[1926年6月5日]

顺儿：

四月廿三、五月三日寄南长街两信，连寄叔叔们的信，都先后收到，但四月十五以前像还有一封长信，想已失掉了。那封信上谅来谈到你们不愿意调任的话吧。

我现在还想你们把你们的意思详说，等我斟酌着随时替你们打算哩。

你屡次来信，都问我手术后情形如何如何，像十二分不放心的样子。这也难怪，因为你们在远方不知情形，但我看见信只是好笑，倘使你在我身边看着，谅来也哑然失笑了。你们的话完全不对题，什么疲倦不疲倦、食欲好不好……我简直不知道有这一回事。我手术十天之后，早已一切如常，始终没有坐过一回摇推的椅子。记得第十一天晚上，我偷偷的下床上茅房（因不愿在床上出恭，茅房与卧房相隔数间），被看护妇看见，埋怨了半天。

我在医院里写了几十把扇子，从医生看护妇到厨子打杂每人都求了一把。手术后第四天便胃口如常，中间因医生未得病源，

种种试验，曾经有一个礼拜不给肉品我吃，饿得我像五台山上的鲁智深，天天向医生哀求开荤，出院后更不用说了。总而言之，手术后十天，早已和无病人一样，现在做什么事情，都有兴致，绝不疲倦，一点钟以上的演讲已经演过几次了。七叔、王姨们初时屡屡警告，叫我“自己常常记得还是个病人”。近来他们看惯了，也疲了，连他们也不认我还是病人了。

看见你的信，四月廿前后还像没有复元的样子。五月三日信还说“稍微累点，就不舒服”，真令我诧异。或者你的手术比我重吗？其实我的也狠不轻，受麻药的次数，比你多得多了，这样看来，你的体子比我真有天渊之别，我真是得天独厚（医院里医生、看护妇都说像我复元得这样快，是从没有看见过的），不是经比较，还不自觉哩。

我一月以前，绝不担心你的病，因为我拿自己做例，觉得受手术不算一回事，但是接连看你的信，倒有点不放心了。我希望不久接着你完全复元的信说：“虽累了，也照常受得起。”那才好哩。

近来因我的病惹起许多议论。北京报纸有好几家都攻击协和（《现代评论》《社会日报》攻得最厉害），我有一篇短文在《晨报》副刊发表，带半辩护的性质，谅来已看见了。总之，这回手术的确可以不必用，好在用了之后身子没有丝毫吃亏（唐天如细细诊视，说和从前一样），只算费几百块钱，捱十来天痛苦，换得个安心也还值得。

现在病虽还没有清楚，但确已好多了，而且一天比一天好，或者是协和的药有效（现在还继续吃），或者是休息的效验，现

在还不能十分休息（正在将近毕业，要细阅学生们成绩），半月后到北戴河去，一定更好了。

我想来美一游，各人也不十分反对，但都怕我到美决不能休息，或者病又复发。所以阻止者多，现在决定不来了。

蹇季常、张君劢们极力劝我在清华告假一年，这几天不停地唠叨我。他们怕一开课后我便不肯休息，且加倍工作。我说我会自己节制。他们都不相信。但是我实在舍不得暂离清华，况且我实际上已经无病了。我到底不能采用他们的建议。总之，极力节制，不令过劳便是。你们放心吧。

由天津电汇四千元，想已收。一半是你们存款，一半给思庄们学费，你斟酌著分给他们。思成在费城，今年须特别耗费，务令他够用，不至吃苦。思永也须贴补点，为暑假旅行及买书等费。

思庄考得怎样，能进大学固甚好，即不能也不必着急，日子多着哩。

我写的一幅小楷，装上镜架给他做奖品，美极了，但狠难带去，大概只好留着等他回来再拿了。

许久没有另写信给成、永们，好在给你的信，他们都会看见的。

六月五日　爹爹

老白鼻会唱葡萄美酒了，真乖得好顽。

卷四

[1925.6.11-1927.2.16]

与思顺书

我这病绝不要紧，已经证明了

[1926年6月11日]

顺儿：

前次以为失掉了你甲封信，现在也收到了，系封在阿时信内，迟了一水船才到。

弟弟们把我的信扣留，我替你出个法子，你只写信给他们说，若不肯将信寄回来，以后爹爹有信到，你便藏着不给他们看，他们可就拗你不过了。

你们不愿意调任及调部也是好的，知足不辱，知止不殆，只要不至冻馁，在这种半清净半热闹的地方，带着孩子们读书最好，几个孙子叫他们尝尝寒素风味，实属有益。试拿他们在菲律宾过的生活和你们在日本时比较，实在太过分了。若再调到热带殖民地去，虽多几个钞，有什么用处呢？**你们也不必变更计画，打算早回来。我这病绝不要紧，已经证明了。你们还是四五年后回来的主意最好。总之，到我六十岁生日时，算来全部都回来了，岂不大高兴。**

这一两年内，我终须要到美国玩一趟，你们等着罢。再过一星期就去北戴河了。

六月十一日　爹爹

与思忠书

吾病虽未痊愈，比前次确减轻

[1926年8月14日]

海滨有绑票之警（事在距车站约十二里之乡村），游客逃避一空，吾亦守垂堂之戒，于今晨尽室返津矣。

吾病虽未痊愈，比前次确减轻（偶然便带哑色，但已非红非紫）。许多年余之痼疾，本非三数日所能全治，但药之有效，已灼然矣。往告兄姊可大欣慰也。庄庄入费城暑校，汝到时想尚在彼，至可喜。汝凡百小心，勿诒老亲远念。

父示忠忠。

八月十四日

与大小孩子们书

你们十二分放心罢

[1926年8月22日]

一大群大大小小孩子们：

好教你们欢喜，我的病真真正正完完全全好得清清楚楚了！服药前和服药后，便色之变迁，忠忠已大略看见。

忠忠在津时，色不过转淡而已，尚未纯复原，再到北戴河那两天，像有点要翻的样子，后来加减一两味药，回津再服，果然

服三剂病根全除，前后共服过十剂，现已停药一礼拜了。总之，药一下去，便见功效，由紫红变粉红，变哑色，变黄，十剂以后，完全变白，血腥气味净尽，回复到平常尿味。这几天内经过种种试验，也曾有朋友来接连剧谭五个钟头，又曾往俄国公园散步一点多钟，又曾吃过一瓶大麦酒，又曾睡眠极少，诸如此类，前此偶犯其一，病辄大发，现在完全没有，真算好清楚了。痛快之极！据天如说，病源在胆，因惊惶而起，胆生变动，而郁积结于膀胱，其言虽涉虚杳，但亦有几分近似。盖吾病之起，实在你们妈妈病重时，不过从前不注意，没有告你们耳。天如说的病理对不对，他的药真是其应如响，一年半之积痼，十日而肃清之，西医群束手谓不可治，而一举收此奇效，可谓能矣。吾现仍小心静养，不太劳，你们十二分放心罢。

这封信专报告病之肃清，不说别的。

八月廿二日　爹爹天津发

十日后入京。

与孩子们书

择交是最要紧的事，宜慎重留意

[1926年9月4日]

孩子们：

今天接顺儿八月四日信，内附庄庄由费城去信，高兴得狠。

尤可喜者，是徽音待庄庄那种亲热，真是天真烂熳好孩子。庄庄（独立的）多走些地方，多认识些朋友，性质格外活泼些，甚好甚好。但择交是最要紧的事，宜慎重留意，不可和轻浮的人多亲近。庄庄以后离开家庭渐渐的远，要常常注意这一点。大学考上没有？我天天盼这个信，谅来不久也到了。

忠忠到美，想你们姊弟兄妹会在一块，一定高兴得狠，有什么有趣的新闻，讲给我听。

我的病从前天起又好了，因为碰着四姑的事，病翻了五天（五天内服药无效），这两天哀痛过了，药又得力了。昨日已不红，今日狠清了，只要没有别事刺激，再养几时，完全断根就好了。

四姑的事，我不但伤悼四姑，因为细婆太难受了，令我伤心。现在祖父祖母都久已弃养，我对于先人的一点孝心，只好寄在细婆身上，千辛万苦，请了出来，就令他老人家遇着绝对不能宽解的事（怕的是生病），怎么好呢？这几天全家人合力劝慰他，哀痛也减了好些，过几日就全家入京去了。清华八日开学，我六日便入京，在京（城里）还有许多事要料理，王姨从细婆等迟一礼拜乃去。

张孝若丁忧，已辞职，我三日前写一封信给蔡廷斡，说升任事，能成与否入京便见分晓。

思永两个月没有信来。他娘狠记挂，屡屡说“想是冲气吧”，我想断未必，但不知何故没有信。你从前来信说，不是悲观，也不是精神异状，我狠信得过是如此，但到底是年轻学养未

到，我因久不得信，也不能不有点担心了。

国事局面大变，将来未知所届，我病全好之后，对于政治不能不痛发言论了。

九月四日　爹爹

与孩子们书

想来你们姊弟五人正围着高谈阔论，不知多少快活哩

[1926年9月14日]

孩子们：

我本月六日入京，七日到清华，八日应开学礼讲演，当日入城，在城中住五日，十三日返清华。王姨奉细婆亦以是日从天津来，我即偕同王姨、阿时、老白鼻同到清华。此后每星期大抵须在城中两日，余日皆在清华。北院二号之屋（日内将迁居一号）只四人住着，狠清静。

此后严定节制，每星期上堂讲授仅二小时，接见学生仅八小时，平均每日费在学校的时刻，不过一小时多点。又拟不编讲义，且暂时不执笔属文，决意过半年后再作道理。

我的病又完全好清楚，已经十日没有复发了。在南长街住那几天，你二叔天天将小便留下来看，他说颜色比他的还好，他的还像普洱茶，我的简直像雨前龙井了。自服天如先生药后之十天，本来已经是这样，中间遇你四姑之丧，陡然复发，发得狠厉害。那时刚刚碰着伍连德到津，拿小便给他看，他说“这病绝对

不能不理会”，他入京当向协和及克礼等详细探索实情云云。五日前在京会着他，他已探听明白了。他再见时，尿色已清，他看着狠赞叹中药之神妙（他本来不鄙薄中药），他把药方抄去。天如之方以黄连、玉桂、阿胶三药为主（近闻有别位名医说，敢将黄连和玉桂合在一方，其人必是名医云云）。他说狠对狠对，劝再服下去。他说本病就一意靠中药疗治便是了。都是因手术所发生的影响，最当注意。他已证明手术是协和孟浪错误了，割掉的右肾，他已看过，并没有丝毫病态，他狠责备协和粗忽，以人命为儿戏，协和已自承认了。这病根本是内科，不是外科。在手术前克礼、力舒东、山本乃至协和都从外科方面研究，实是误入歧途。但据连德的诊断，也不是所谓“无理由出血”，乃是一种轻微肾炎。西药并不是不能医，但狠难求速效，所以他对于中医之用黄连和玉桂，觉得狠有道理。但他对于手术善后问题，向我下狠严重的警告。他说割掉一个肾，情节狠是重大，必须俟左肾慢慢生长，长大到能完全兼代右肾的权能，才算复原。他说：“当这内部生理大变化的时期中（一种革命的变化），左肾极吃力，极辛苦，极娇嫩，易出毛病，非十分小心保护不可。唯一的戒令，是节劳一切工作，最多只能做从前一半，吃东西要清淡些……”等等。我问他什么时候才能生长完成。他说：“没有一定，要看本来体气强弱及保养得宜与否，但在普通体气的人，总要一年”云云。他叫我每星期验一回小便（不管色红与否），验一回血压，随时报告他，再经半年才可放心云云。连德这番话，我听着狠高兴。我从前狠想知道右肾实在有病没有，若右肾实有

病，那么不是便血的原因，便是便血的结果。既割掉而血不止，当然不是原因了。若是结果，便更可怕，万一再流血一两年，左肾也得同样结果，岂不糟吗？我屡次探协和确实消息，他们为护短起见，总说右肾是有病（部分腐坏），现在连德才证明他们的谎话了。我却真放心了，所以连德忠告我的话，我总努力自己节制自己，一切依他而行（一切劳作比从前折半）。

但最近于清华以外，忽然又发生一件职务，令我欲谢而不能，又已经答应了。这件事因为这回法权会议的结果，意外良好，各国代表的共同报告书，已承诺撤回领事裁判权，只等我们分区实行。但我们却有点着急了，不能不加工努力。现在为切实预备计，立刻要办两件事：一是继续修订法律，赶紧颁布；二是培养司法人才，预备“审洋鬼子”。头一件要王亮俦担任。第二件要我担任（名曰司法储才馆）。我入京前一礼拜，亮俦和罗钧任几次来信来电话，催我入京。我到京一下车，他们两个便跑来南长街，不由分说，责以大义，要我立刻允诺。这件事关系如此重大，全国人渴望已非一日，我还有甚么话可以推辞，当下便答应了。现在只等法权会议签字后（本礼拜签字），便发表开办了。经费呢每月有万余元确实收入，可以不必操心（在关税项下，每年拨十万元，学费收入约四万元）。但创办一学校事情何等烦重，在静养中当然是狠不相宜；但机会迫在目前，责任压在肩上，有何法逃避呢？好在我向来办事专在“求好副手”上用工夫。

我现在已得着一个人替我全权办理，这个人我提出来，亮俦、钧任们都拍手，谅来你们听见也大拍手。其人为谁？林宰平

便是。他是司法部的老司长，法学甚深，才具开展，心思致密，这是人人共知的。他和我的关系，与蒋百里、赛季常相仿佛，他对于我委托的事，其万分忠实，自无待言。储才馆这件事，他也认为必要的急务，我的身体要静养，又是他所强硬主张的（他屡主张我在清华停职一年），所以我找他出来，他简直无片词可以推托。政府原定章程是，“馆长总揽全馆事务”。我要求增设一副馆长，但宰平不肯居此名，结果改为学长兼教务长。你二叔当总务长兼会计。我用了这两个人，便可以“卧而治之”了。初办时教员职员之聘任，当然要我筹画，现在亦已大略就绪。教员方面因为经费充足，兼之我平日交情关系，能网罗第一等人才，如王亮俦、刘崧生等皆来担任功课，将来一定声光狠好。职员方面，初办时大大小小共用二十人内外，一面为事择人，一面为人择事，你十五舅和曼宣都用为秘书（月俸百十六元，一文不欠），乃至你姑丈（六十元津贴）及黑二爷（廿五元）都点缀到了。藻孙若愿意回北京，我也可以给他二百元的事去办（我比较撙节的制成个预算，每月尚敷余三千至四千）。大概这件事我当初办时，虽不免一两个月劳苦，以后便可以清闲了。你们听见了不必忧虑（这一两个月却工作不轻，研究院新生有三十余人，加以筹画此事，恐对于伍连德的话，须缓期实行）。

做首长的人，“劳于用人而逸于治事”，这句格言真有价值。我去年任图书馆长以来，得了李仲揆及袁守和任副馆长及图书部长，外面有范静生替我帮忙，我真是行所无事。我自从入医院后（从入德医院起）从没有到馆一天，忠忠是知道的。这回我

入京到馆两个半钟头，他们把大半年办事的纪录和表册等给我看。我于半年多大大小小的事都了然了。真办得好，真对得我住！杨鼎甫、蒋慰堂二人从七月一日起到馆，他们在馆办了两个月事，兴高采烈，觉得全馆朝气盎然，为各机关所未有，虽然薪水微薄（每人每月百元），他们都高兴得狠。我信得过宰平替我主持储才馆（亮俦在外面替我帮忙，也和范静生之在图书馆差不多），将来也是这样。

希哲升任智利的事，已和蔡耀堂面言，大约八九可成，或者这信到时已发表，亦未可知（若未发表，那恐是无望了）。

思顺八月十三日信，昨日在清华收到。忠忠抵美的安电，王姨也从津带来，欣慰之至。正在我想这信的时候，想来你们姊弟五人正围着高谈阔论，不知多少快活哩。庄庄入美或留坎问题，谅来已经决定，下次信可得报告了。

思永给思顺的信说“怕我因病而起的变态心理”，有这件事吗？何至如是，你们从我信上看到这种痕迹吗？我决不如是，忠忠在旁边看着这是可以证明的。就令是有，经这回唐天如、伍连德诊视之后，心理也豁然一变了。你们大大放心罢。

写的太多了，犯了连德的禁令了，再说罢。

九月十四日　爹爹

老白鼻天天说要到美国去，你们谁领他，我便贴四分邮票寄去。

与孩子们书

我看着狠喜欢，但也有点惦念

[1926年9月26日]

孩子们：

今日二叔寄来廿四日来电，属电汇学费六百元。今日星期明晨即办（汇美金六百），大约须廿七八乃能收到也。

计日期忠忠早已到，你们姊弟兄妹想都欢会过，现在分途上学去了。这电大约是庄庄决定留美之结果，我看着狠喜欢，但也有点惦念，喜欢是我的庄庄居然入大学了，惦念是他完全离开家庭，一个小女孩子孤孤零零怪可怜的。

庄庄，你以后每月务须有一封回家来报告你日常生活情形，免得家人悬望，饮食最要当心，若有点不舒服，便立刻请医生，万不可惹出病来。交朋友最当谨慎，一切事都常常请姊姊哥哥们当顾问，我就放心了。

我这几天小便异常之清，大约病完全好了，伍连德叫我每星期验血压，前日已开始往验，验得百十四度，极中和，一切可放心。

今日已由北院二号迁到一号，许多话下次再说。

九月廿六晚　爹爹

与孩子们书

昨夜十二时半，你们又添一个小弟弟

[1926年9月27日]

昨夜十二时半，你们又添一个小弟弟，母子平安。原拟到协和分娩，不意突如其来。昨晚十时，我写完前信便去睡，刚要睡着，王姨忽觉震动，欲命车进城，恐来不及，乃找本校医生，幸亏医生在家（是日星期），一切招呼完善，仅一个多钟头便完事了（昨日搬家，一切东西略已搬毕，惟睡床未搬，临时把王姨的床搬过来，刚刚赶得上）。你们姊妹弟兄真已不少（我倒狠盼他是女孩子，那便姊妹弟兄各五人，现在男党太盛了），这是第十个，十为盈数，足够了。

九月廿七日　爹爹

与孩子们书

你们大的都不在跟前，狠有点感寂寞

[1926年9月29日]

孩子们：

今天从讲堂下来，接着一大堆信——坎拿大三封内夹成、永、庄寄坎的好几封，庄庄由纽约来的一封，又前日接到思永来一封——令我喜欢得手舞足蹈。我骤然看见域多利的信封，狠诧

异！哪一个跑到域多利去呢？拆开一看，才知忠忠改道去先会姊姊。前接阿图和电说忠忠十一日到，我以为是到美境哩，谁知便是那天到阿图和！忠忠真占便宜，这回放洋，在家里欢天喜地的送他，比着两位哥哥，已经天渊之别了；到了那边，又分两回受欢迎，不知多少高兴。

我最喜欢的是庄庄居然进了大学了。尤其喜欢是看你们姊弟兄妹来往信，看出那活泼样子。我原来有点怕庄庄性情太枯寂些，因为你妈妈素来管得太严；他又不大不小夹在中间，挨着我的时候不多——不能如老白鼻的两亲家那样——所以觉得欠活泼。这一来狠显出青年的本色，我安慰极了。

回坎进大学，当然好极了。我前次信说赞成留美，不过怕顺儿们有迁调时，他太寂寞。其实这也不相干。满地可我也到过，离坎京极近，暂时我大大放心了。过得一两年，年纪更长大，当然不劳我挂念了。我狠不愿意全家变成美国风，在坎毕业后往欧洲入研究院，是最好不过的。

我的“赤祸”，大概可以扫除净尽了。虽近已二十多天没有再发。实际上讲，自忠忠动身时，渐渐肃清，中间惟四姑死后发了一礼拜，初到清华发了三天（中秋日小发，但不甚，过一天便好），此外都是极好。

今年我不编讲义（叫周传儒笔记，记得极好，你们在周刊上可以看见），工夫极轻松。每星期只上讲堂两点钟，在研究室接见学生五点钟（私宅不许人到）。我从来没有过这样清闲。我恪守伍连德的忠告，决意等半年后完全恢复，再行自由工作。

时局变化极剧，百里所处地位极困难，又极重要。他最得力的几个学生都在南边，蒋介石三番四复拉拢他，而孙传芳又卑礼厚币，要仗他做握鹅毛扇的人，孙、蒋间所以久不决裂，都是由他斡旋。但蒋军侵入江西，逼人太甚（俄国人迫他如此），孙为自卫，不得不决裂。我们的熟人如丁在君、张君劢、刘厚生等，都在孙幕参与密勿，他们都主战，百里亦不能独立异，现在他已经和孙同往前敌去了，老师打学生，岂非笑话（非寻常之师弟）。好在唐生智所当的是吴佩孚方面（京汉路上吴已经是问题外的人物），孙军当面接触的是蒋介石。这几天江西的战争关系真重大。若孙败，以后（百里当然跟着毁了）黄河以南便全是赤俄势力。若孙胜蒋败，以后便看百里手腕如何。百里的计画，是要把蒋、唐分开，蒋败后谋孙、唐联和。果能办到此着，便将开一崭新局面，国事大有可为，能成与否不能不付诸气数了。

顺儿们窘到这样，可笑可怜（看这情形，你们是博览全都看不成了），你们到底已经负债多少？这回八月节使馆经费一文也发不出，将来恐亦无望，我实在有点替你们心焦？调任事一时更谈不到了（现在纯陷于无政府状态）。我想，还是勉强支持一两年（到必要时我可以随时接济些），招呼招呼弟妹们，令我放心。一面令诸孙安定一点，好好的上学，往后看情形再说罢。

前所言司法储才馆事，现因政府搁浅，也暂时停顿。但此事为收回法权的主要预备，早晚终须办，现时只好小待。

小老白鼻今天该洗三了。别人还不怎么，独有细婆，欢喜得连嘴都合不拢来。自从四姑的事情以后，细婆没有过笑容，这两

天异常高兴，令我们也都安慰。

王姨产后经过极良好，不消远念。

老白鼻爱小弟弟爱到无以复加，隔几分钟就去摸一回，整天价说“背背驮驮他”。老白鼻新近又长进一种学问，昨日起阿时教他认五个字，今日居然完全记得。

你们大的都不在跟前，狠有点感寂寞。现在就是阿时挨着我。我回到天津时，南开中学本来要请他当教习，月修七十元，他倒狠想去（他狠想找点钱帮补姑丈）。我一来怕他学问太浅，交代不过；二来也要他跟着我，所以暂留他一年，明年也不能不让他去了。

爹爹　九月廿九日

与孩子们书

我昨天做了一件极不愿意做之事，去替徐志摩证婚

[1926年10月4日]

孩子们：

我昨天做了一件极不愿意做之事——去替徐志摩证婚。他的新妇是王受庆夫人，与志摩恋爱上，才和受庆离婚，实在是不道德之极。我屡次告诫志摩而无效。胡适之、张彭春苦苦为他说情，到底以姑息志摩之故，卒徇其请。**我在礼堂演说一篇训词，大大教训一番，新人及满堂宾客无一不失色，此恐是中外古今所未闻之婚礼矣。今把训词稿子寄给你们一看。青年为感情冲动，**

不能节制，任意决破礼防的罗网，其实乃是自投苦恼的罗网，真是可痛，真是可怜！

徐志摩这个人其实聪明，我爱他不过，此次看着他陷于灭顶，还想救他出来，我也有一番苦心。老朋友们对于他这番举动无不深恶痛绝，我想他若从此见摈于社会，固然自作自受，无可怨恨，但觉得这个人太可惜了，或者竟弄到自杀。我又看着他找得这样一个人做伴侣，怕他将来苦痛更无限，所以想对于那个人当头一棒，盼望他能有觉悟（但恐甚难），免致将来把志摩弄死。但恐不过是我极痴的婆心便了。闻张歆海近来也狠堕落，日日只想做官（志摩却是狠高洁，只是发了恋爱狂——变态心理——变态心理的犯罪），此外还有许多招物议之处，我也不愿多讲了。品性上不曾经过严格的训练，真是可怕。

我因昨日的感触，专写这一封信给思成、徽音、思忠们看看。

十月四日　爹爹

与思顺书

你不安，我当然也不安

[1926年10月7日]

顺儿：

九月七日、十日信收到，计发信第二日，忠忠便到阿图和，你们姊弟相见，得到忠忠报告好消息，一切可以释然了。

我的信有令你们难过的话吗？谅来那几天忠忠正要动身，有

点舍不得，又值那几天病最厉害（服天如药以前，小便觉有点窒塞），所以不知不觉有些感慨的话，其实我这个人你们还不知道吗？我有什么看不开，小小的病何足以灰我的心，我现在早已兴会淋漓的做我应做的工作了。你们不信，只要问阿时便知道了。

我现在绝对不要你回来，即便这点小病未愈，也不相干，何况已经完好了呢！你回来除非全眷回来，不然隔那么远，你一心挂两路，总是不安。你不安，我当然也不安，何必呢！现在几个孙子已入学校，若没有别的事，总令他们能多继续些时候才好。

我却不想你调别处，若调动就是回部补一个实缺参事，但不容易办到（部中情形我不熟），又不知你们愿意不。来信顺便告诉我一声。现在少川又回外部，本来智利事可以说话，但我也打算慢点再说（因为我根本不甚愿意你们远调），好在外交总长总离不了这几个，随时可以说的。

我倒要问你一件事。一月前我在报纸上看见一段新闻，像是说明年要在加拿大开万国教育大会，不知确否，你可就近一查。若确，那时我决定要借这名目来一趟，看看我一大群心爱的孩子。你赶紧去查明，把时日告诉我，等我好预备罢。

我现在新添了好些事情：司法储才馆和京师图书馆（去年将教育部之旧图书馆暂行退还不管，现在我又接过来）。好在我有好副手替我办，储才馆托给林宰平，你二叔帮他。旧图书馆托给罗孝高，何擘一帮他。我总其大成，并不劳苦。我一天还是在清华过我的舒服日子。

曾刚父年伯病剧。他的病和你妈妈一样，数月前已发，若早

割尚可救，现在已溃破，痛苦万状，看情形还不能快去。我数日前去看他，联想起你妈妈病状，伤感得狠。他穷得可怜，我稍微送他的钱，一面劝他无须找医生白花钱了。

陈伯严老伯也患便血病，但他狠痛苦，比我差多了，年纪太大（七十二了），怕不容易好。十年以后，亲友们死亡疾病的消息，常常络绎不绝（伯严的病由酒得来，我病后把酒根本戒绝，总是最好的事），这也是无可如何的事。

二叔和老白鼻说，把两个小妹妹换他的小弟弟，他答应了，回头忽然问："那个小弟弟？"二叔说："你们这个。"他说："不，不，把七叔的小弟弟给你。"你们看他会打算盘吗？

十月七日　爹爹

与孩子们书

现在每日有相当的工作，我越发精神焕发了

[1926年10月14日]

孩子们：

忠忠到阿图和的信收到了。你们何以担心我的病担心到如此厉害，或者因我在北戴河那一个多月去信太少吗？或者我的信偶然多说几句话，你们神经过敏疑神疑鬼吗？但忠忠在家天天跟着我，难道还看不出我的样子来，我心里何尝有不高兴呢？大抵我这个人太闲也是不行，现在每日有相当的工作，我越发精神焕发了。

美洲我是时时刻刻都想去的，但这一年内能否成行，仍是问题。因为新近兼兜揽着两件事——京师图书馆（重新接收过来）、司法储才馆都是创办，虽然有好帮手，不致甚劳，但初期规划仍是我的责任，我若远行，恐怕精神涣散，难有成绩，且等几个月后情形如何再说。又欲筹游费，总须借个名目，若自己养病玩耍，却不好向任何方面要钱，所以我狠想打听明年的万国教育会是否开在阿图和，若是在暑假期间开，我无论如何总要想法来一趟的。

明日是重阳，我打算带着老白鼻去上坟，我今年还没有到过坟上哩！小老白鼻也狠结实，他娘娘体子也狠好，再过两礼拜，打算带着他回津一行。

十月十四日　爹爹

与孩子们书

我这几天忙得要命

[1926年10月19日]

我这几天忙得要命，两个机关正在开办，还有两位外宾——一位日本清浦子爵（前首相旧熟人），一位瑞典皇太子（考古学者）。天天演说宴会，再加上学校功课，真是不了。每天跑进城，又跑回校，替汽车油房做生意，但我精神极盛，一点也不觉疲劳。晚上还替松坡图书馆卖字，自己又临帖临出瘾。天天被王姨唠叨逼着去睡，现在他又快来捣乱了，只得不写了。

前几天上坟去（重阳那天），回来“赤祸”又发作了三天，现在又全好了，大抵走路最不相宜。

小老白鼻狠乖，一天到黑总没有听见他哭一声。

十九日 爹爹

与孩子们书

你们那种活泼亲热样子，活现在纸上

[1926年10月22日]

孩子们：

前天接着你们由费城来的杂碎信和庄庄进大学后来的信，真真高兴。

你们那种活泼亲热样子，活现在纸上，我好容易细细研究，算是把各人的笔迹勉强分别出来了，但是许多名词还不狠清楚，只得当作先秦古书读，“心知其意”，“于其所不知，盖阙如也”。

你们一群小伙子，怎么把一位老姊姊当作顽意去欺负他呢？做姊姊的也是不济事，为什么不板起面孔来每人给他几个嘴巴呢？你们别要得意，还有报应哩，再过十几二十年，老白鼻、小老白鼻也会照样的收拾你们！但是，到那时候，五十多岁老姊姊只怕更惹不起这群更小的小伙子了。

以上十月廿二日写

与思永书

怕你悬望，先草草回此数行

[1926年12月10日]

思永：

得十一月七日信，喜欢之极。李济之现在山西（非陕西）乡下，正采掘得兴高采烈，我已立刻写信给他，告诉以你的志愿及条件，大约十日内外可有回信。我想他们没有不愿意的，只要能派你实在职务，得有实习机会，盘费食住费等等都算不了什么大问题，家里景况，对于这点钱还担任得起也。你所问统计一类的资料，我有一部分可以回答你，一部分尚须问人。我现在忙极，要过十天半月后再回你，怕你悬望，先草草回此数行。我近来真忙，本礼拜天天有讲演（城里的学生因学校开不了课，组织学术讲演会，免不了常去讲演），又著述之兴不可遏，已经动手执笔了（半月来已破戒亲自动笔）。还有司法储才馆和国立图书馆都正在开办，越发忙得要命。最可喜者，旧病并未再发，有时睡眠不足，小便偶然带一点黄或粉红，只须酣睡一次，就立刻恢复了。因为忙，有好多天没有给你们信（只怕十天八天内还不得空），你这信看完后立刻转给姊姊他们，免得姊姊又因为不得信挂心。

十二月十日　爹爹

你娘娘身体狠好，“小无名氏”非常之乖，食睡哭都有一定时候。细婆天天催要他的名字，我还不得空。

与孩子们书

我实在想你们，想得狠

[1926年12月20日]

孩子们：

寄去美金九十元作压岁钱，大孩子们每人十元，小孩子们共二十元，可分领买糖吃去。

我近来因为病已痊愈，一切照常工作，渐渐忙起来了。新近著成一书，名曰《王阳明知行合一之教》，约四万余言，印出后寄给你们读。

前两礼拜几乎天天都有讲演，每次短者一点半钟，多者继续至三点钟，内中有北京学术讲演会所讲三次，地点在前众议院（法大第一院），听众充满全院（约四千人），在大冷天并无火炉（学校穷，生不起火），讲时要狠大声，但我讲了几次，病并未发，可见是痊愈了。

前几天耶鲁大学又有电报来，再送博士，请六月廿二到该校，电辞极恳切，已经复电答应去了。你二叔不甚赞成，说还要写信问顺儿以那边详细情形，我想没有什么要紧的，只须不到唐人街（不到西部），不上杂碎馆，上落船时稍微注意，便够了。我实在想你们，想得狠，借这机会来看你们一趟，最好不过，我如何肯把他轻轻放过。

时局变迁非常剧烈，百里联络孙、唐、蒋的计画全归失败，

北洋军阀确已到末日了。将此麻木不仁的状态打破，总是好的，但将来起的变症如何，现在真不敢说了。

希哲的生活方向现真成了问题，北京政府看着是要塌了，使馆经费绝对的不会有办法（**顾少川虽然在那里打主意，我想都不会成功**）。从前欠薪，恐怕也没甚希望，似此赔累下去，如何能久？若不能调到有收入的地方，便须别走一条路。国内混乱状态未知所极，生意是无从做起的，除非在海外想方法。此虽非一时立决之事，但不能不早为之备，请注意为幸。

去年，徽音有明年二月归国之说，不知现在已改变否，我想大可以不必。现在回来北京是无用的，徒增伤心，福州现亦在混乱时代，回来恐省亲之愿亦不易达到，何苦跋涉呢？只要学费勉强可以支持，等到和思成一齐归来最好。这句话我屡次写信都忘了，今补说。

思庄近来还常常想家吗？我看你的来信及你给姊姊的信最高兴。我最希望你特别注重法文，将来毕业后最少也留法一年，你愿意吗？

思忠来信叙述入学后情形，我和你娘娘都极高兴。**你既学政治，那么进什么团体是免不了的，我一切不干涉你，但愿意你十分谨慎，须几经考量后方可加入。在加入前先把情形告诉我，我也可以做你的顾问。**

思永回来的事，李济之尚未回信，听说他这回采掘狠有所得，不久也要回京一次。

小老白鼻有了名字了，我看他的面孔狠像大同的“同”字，

就叫他做思同（胖得那脸成个正方形，眼孔小小的，连眉毛像一画，张开口像个口字），我不大理会他，比老白鼻那时候差多了。

十二月二十日　爹爹

与孩子们书

老白鼻每天总逗我笑几场

[1927年1月2日]

孩子们：

今天总算我最近两个月来最清闲的日子，正在一个人坐在书房里拿着一部杜诗来吟哦。思顺十一月廿九、十二月四日，思成十二月一日的信，同时到了，真高兴。

今天是阳历年初二，又是星期，所有人大概都进城去了。我昨天才从城里回来，达达、司马懿、六六三天前已经来了，今天午饭后他们娘娘带他们去逛颐和园，老郭曹五都跟去，现在只剩我和小白鼻看家。

写到这里，他们都回来了，满屋子立刻喧闹起来，和一秒钟以前成了两个世界。

你们十个人刚刚一半在这边，在那边的一个个都大模大样，在这边的都是“小不点点”，真是有趣。

相片看见了，狠高兴。庄庄已经是个大孩子了（为什么没有戴眼镜），比从前漂亮得多。思永还是那样子。思成为什么这样

疲呢？像老了好些。思顺却像更年轻了。桂儿、瞻儿那幅不大清楚，不甚看得出来。小白鼻牵着冰车好顽极了。老白鼻绝对不肯把小儿子让给弟弟，和他商量半天，到底不肯，只肯把烂名士让出一半，他把这小干儿子亲了几亲（老白鼻最怕的爹爹去美国，比吃泻油还怕），连冰车一齐交给老郭替他“收收”了。

以下说些正经事。

思成信上说徽音二月间回国的事，我一月前已经有信提过这个，想已收到。徽音回家看他娘娘一趟，原是极应该的，我也不忍阻止，但以现在情形而论，福州附近狠混乱，交通极不便，有好几位福建朋友们想回去，也回不成，最近三几个月中，总怕恢复原状的希望狠少，若回来还是蹲在北京或上海，岂不更伤心吗？况且他的娘，屡次劝他不必回来，我想还是暂不回来的好。至于清华官费，若回来考，我想没有考不上的，过两天我也把招考章程叫他们寄去。但若打定主意不回来，则亦用不着了。

思永回国的事，现尚未得李济之回话。济之（三日前）已经由山西回到北京了，但我刚刚进城去，还没有见着他。他这回采掘大有所获，捆载了七十五箱东西回来，不久便在清华考古室（今年新成立）陈列起来了，这也是我们极高兴的一件事。思永的事我本礼拜内准见着他，下次的信有确答。

忠忠去法国的计画，关于经费这一点毫无问题，你只管预备着便是。

思顺们的生计前途，却真可心忧虑，过几天我试和顾少川切

实谈一回，但恐没有什么办法，因为使领经费据我看是绝望的，除非是调一个有收入的缺。

司法储才馆，下礼拜便开馆，以后我真忙死了，每礼拜大概要有三天住城里。清华功课有增无减，因为清华寒假后兼行导师制（这是由名教授自愿的，我完全不理也可以，但我不肯如此），每教授担任指导学生十人，大学部学生要求受我指导者已十六人，我不好拒绝。又在燕京担任有钟点（燕京学生比清华多，他们那边师生极诚恳求我，也不好拒绝），真没有一刻空闲了。但我体子已完全复原，两个月来旧病完全不发，所以狠放心工作去。

上月为北京学术讲演会作四次公开的讲演，讲坛在旧众议院，每次都是满座，连讲两三点钟，全场肃静无哗，每次都是距开讲前一两点钟已经人满。在大冷天气，火炉也开不起，而听众如此热诚，不能不令我感动。我常感觉我的工作，还不能报答社会上待我的恩惠。

我游美的意思还没有变更，现在正商量筹款，大约非有万金以上不够（美金五千），若想得出法子，定要来的，你们没有什么意见吧?

（此处有删节。）

（我想他们到了北京时，我除了为党派观念所逼不能不亡命外，大约还可以勉强住下去，因为我们家里的工人老郭、老吴、曹五三位，大约还不至和我们捣乱，你二叔那边只怕非二叔亲自买菜，二婶亲自煮饭不可了）而正当的工人也全部失业。放火容

易救火难，党人们正不知何以善其后也。现在军阀游魂尚在，我们殊不愿对党人宣战，待彼辈统一后，终不能不为多数人自由与彼辈一拼耳。

思顺们的留支似已寄到十一月，日内当再汇七百五十元，由我先垫出两个月，暂救你们之急。

寄上些中国画给思永、忠忠、庄庄三人挂于书房。思成处来往的人，谅来多是美术家，不好的倒不好挂，只寄些影片，大率皆故宫所藏名迹也。

现在北京灾官们可怜极了。因为我近来担任几件事，穷亲戚穷朋友们稍微得点缀。十五舅处东拼西凑三件事，合得二百五十元（可以实得到手），勉强过得去，你妈妈最关心的是这件事，我不能不尽力设法。其余如杨鼎甫也在图书馆任职得百元，黑二爷（在储才馆）也得三十元（玉衡表叔得六十元），许多人都望之若登仙了。七叔得百六十元，廷灿得百元（和别人比较），其实都算过分了。

细婆近来心境渐好，精神亦健，是我们最高兴的事。现在细婆、七婶都住南长街，相处甚好，大约春暖后，七叔或另租屋住。

老白鼻一天一天越得人爱，非常聪明，又非常听话，每天总逗我笑几场。他读了十几首唐诗，天天教他的老郭念，刚才他来告诉我说："老郭真笨，我教他念'少小离家'，他不会念，念成'乡音无改把猫摔'"（他一面说一面抱着小猫就把那猫摔下地，惹得哄堂大笑）。他念："两人对酌山花开，一杯一杯又一

杯，我醉欲眠君且去，明朝有意抱琴来。”总要我一个人和他对酌，念到第三句便躺下，念到第四句便去抱一部书当琴弹。

我打算寒假时到汤山住几天，好生休息，现在正打听那边安静不安静。我近来极少打牌，一个月打不到一次，这几天司马懿来了，倒过了几回桥。酒是久已一滴不入口，虽宴会席上有极好的酒，看着也不动心。写字倒是短不了，近一个月来少些，因为忙得没有工夫。

一月二日　爹爹

与思永书

把中国考古学的常识弄丰富一点

[1927年1月10日]

思永读：

今天李济之回到清华，我给他商量你归国事宜，那封信也是昨天从山西打回头他才接着，怪不得许久没有回信。

他把那七十六箱成绩平平安安运到本校，陆续打开陈列在我们新设的考古室了。今天晚上他和袁复礼（是他同伴，学地质学的）在研究院茶话会里头作长篇的报告演说，虽以我们门外汉听了也深感兴味，他们演说里头还带着讲“他们两个人都是半路出家的考古学者（济之是学人类学的），真正专门研究考古学的人还在美国——梁先生之公子”，我听了替你高兴，又替你惶恐，你将来如何才能当得起“中国第一位考古专门学者”这个名誉，总要非常努力才好。

他们这回意外的成绩真令我高兴，他们所发掘者是新石器时代的石层，地点是夏朝都城——安邑的附近一个村庄，发掘得的东西略分三大部分：（一）陶器，（二）石器，（三）骨器。此外，他们最得意的是得着半个蚕茧，证明在石器时代已经会制丝，其中陶器花纹问题最复杂，近几年来（民国九年后）瑞典人安迪生在甘肃奉天发掘的这类花纹的陶器，力倡中国文化西来之说。自迳这回的发掘，他们想翻这个案。

最高兴的是，这回所得的东西完全归我们所有，美国人不能搬出去（中华民国的东西暂陈设在清华），将来即以清华为研究的机关，只要把研究结果报告美国那学术团体便是，这是济之的外交手段的高强，也是因为美国代表人卑士波到中国三年无从进行（他初到时，我还请他吃过一顿饭），最后非在这种怪条件之下和我们合作不可，所以只得依我们了。这回我们也狠费点事，头一次去算是失败了（我曾有两封信给阎锡山，此外还有好几位的信），第二次居然得意外的成功。听说美国国务总理还有电报来贺卑士波成功哩。

他们所看定采掘的地方，开方八百亩，已经采掘的只有三分——一亩十分之三——竟自得了七十六箱，倘若全部掘完，只怕故宫各殿的全部都不够陈列了，以考古学家眼光看，中国遍地皆黄金，可惜没有人会捡，真是不错。

关于你回国一年的事情，今天已经和济之仔细商量，他说，可采掘的地方是多极了，但是时局不靖，几乎寸步难行，不敢保

证今年秋间能否一定有机会出去。即如山西这个地方本来可继续采掘，但几个月后，变迁如何，谁也不敢说。还有一层，采掘如开矿一样（假使另觅一个新地方的话），也许失败，白费几个月工夫，毫无所得，你老远跑回来，或者会令你失望，但是有一样，现在所掘得七十六箱东西整理研究便须莫大的工作，你回来后，看时局如何（还有安迪生所掘的有一部分放在地质调查所中也要整理），若可以出去，他便约你结伴。若不能出去，便在清华帮他整理研究，两者任居其一也，断不至白费这一年光阴，你的意思如何？据我看是狠好的，回来后若不能出去，除在清华做这种工作外，我还可以介绍你去请教几位金石家，把中国考古学的常识弄丰富一点，再往美两年，往欧一两年，一定益处更多（城里头几个博物院你除看过武英殿外，故宫博物院、历史博物馆都是新近成立或发展的，回来实地研究，所益必多。）

关于美国团体出川资或薪水这一点，我和济之商量，不提为是。因为这回和他们订的条件是他们出钱我们出力，东西却是全归我们所有，所以这两次出去一切费用由他们担任，惟济之及袁复礼却是领学校薪俸，不是他们的雇佣，将来我们利用他这个机关的日子正长，犯不着贬低身份受他薪水，别人且然，何况你是我的孩子呢？只要你决定回来，这点来往盘费家里还拿得出，你回信便立刻汇去。

至于回来后若出去，便用他的费用，若在清华便在家里吃饭，更不成问题了。

我们散会已经十一点钟，这封信第二页以下都是点洋蜡写

的，我因为极高兴，写完了才睡觉，别的事都改日再说罢。

济之说要直接和你通信，已经把你的信封要去，想不日也到。

一月十日　爹爹

老白鼻这几天闹牙痛，娘娘昨天带他到北京拔了一个牙，只怕还要拔第二个，好不令人心疼。

使领经费或者有点办法，替思顺稍为放心一点。

与孩子们书

现在将你们的生日照阳历都算出来

[1927年1月13日]

你们又没有中国月份牌，都不知道自己是那一天生日了。现在将你们的生日照阳历都算出来，从今年起都改定罢。我自己也算定是二月二十三日，以后便永远拿此日作生日，今年和旧历只差四天（提前），去年明年却都差十几天了。

一月十三日　爹爹

与孩子们书

关于编这两部书，我要放许多心血在里头才能成

[1927年1月26日]

我现在所担任的事业，要以北方时局比较的安宁为前提，若变动剧烈，当然一切拉倒。但现在责任所在，只能在职一天，便努力一天。现在也把大概情形告诉你们。

司法储才馆已经开学了，余樾园任学长（等于副馆长，本来是林宰平，宰平谓治事之才不如樾园，故让之），学生二百二十余人，青年居多，尚可造就，但英文程度太低，而本馆为收回法权预备起见，特注意此点。现在经甄别后，特设英文专班，能及格者恐不满五十人，此为令我最失望之一端。我自己每星期六下午担任一堂功课，题目为人生哲学，此外每星期五六两日各有两点钟为接见学生时期。我的时间费在此馆者大约如此。馆内会计、庶务等（会计一切公开，将来可为各机关模范）由你二叔总管，万分放心（内中最奇怪者，黑二爷十分得力，薪水已加至四十元，在他真喜出望外）。

国立京师图书馆经费俟二五附加税实行后，当可确定，且扩充。**现在我要做的事，在编两部书：一是《中国图书大辞典》，预备一年成功；一是《中国图书索引》，预备五年成功。两书成后，读中国书真大大方便了。关于编这两部书，我要放许多心血在里头才能成，尤其是头一年训练出能编纂的人才，非我亲自出马不可。**

现在清华每日工作不轻，又加以燕大，再添上这两件事，真够忙了，但我兴致勃勃，不觉其劳。

通例上年纪的人，睡眠较少，我却是相反，现在每日总要酣睡八个钟头，睡足了便精神焕发。思成说对于我的体子有绝对信仰，我想这种信仰是不会打破的。

我昨日亲自到照相馆去照相，专为寄给你们之用。大约一礼拜后便可寄出，你们看了，一定狠安慰狠高兴。

今日王姨带达达往协和割痔疮去，剩我和老白鼻看家。细婆喜欢小老白鼻极了，我还是不大理会他，专一喜欢大老白鼻。

一月廿六日　爹爹

李济之给思永的信寄去。

与孩子们书

现在处这种困难境遇正是磨练身心最好机会

[1927年1月27日]

孩子们：

昨天正寄去一封长信，今日又接到思顺（内夹成、永信）十二月廿七日、思忠廿二日信。前几天正叫银行待金价稍落时汇五百金去，至今未汇出，得信后立刻叫电汇，大概总赶得上交学费了。

寄留支事已汇去三个月的七百五十元，想早已收到。

调新加坡事倒可以商量，等我打听情形再说罢。调智利事幸

亏没有办到，不然才到任便裁缺，那才狼狈呢！大抵凡关于个人利害的事只是“随缘”最好，若勉强倒会出岔子。希哲调新加坡时，若不强留那一年，或者现在还在新加坡任上，也未可知。这种虽是过去的事，然而经一事长一智，正可作为龟鉴。所以我也不想多替你们强求。若这回二五附加税项下使馆经费能够有着落，便在冷僻地方——人所不争的多蹲一两年也未始不好。

顺儿着急和愁闷是不对的，到没有办法时卷起铺盖回国，现已打定这个主意，便可心安理得，凡着急愁闷无济于事者，便值不得急他愁他，我向来对于个人境遇都是如此看法。顺儿受我教育多年，何故临事反不得力，可见得是平日学问没有到家。你小时候虽然也跟着爹妈吃过点苦，但太小了，全然不懂，及到长大以来，境遇未免太顺了。现在处这种困难境遇正是磨练身心最好机会，在你全生涯中不容易碰着的，你要多谢上帝玉成的厚意，在这个当口做到“不改其乐”的功夫，才不愧为爹爹最心爱的孩子哩。

（此处有删节。）

忠忠的信狠可爱，说的话狠有见地，我在今日若还不理会政治，实在对不起国家，对不起自己的良心。不过出面打起旗帜，时机还早，只有密密预备，便是我现在担任这些事业，也靠着他可以多养活几个人才（内中固然有亲戚故旧，勉强招呼不以人才为标准者）。近来多在学校演说，多接见学生，也是如此——虽然你娘娘为我的身子天天唠叨我，我还是要这样干——中国病太深了，症候天天变，每变一症，病深一度，将来能否在我们手上

救活转来，真不敢说。但国家生命民族生命总是永久的（比个人长的），我们总是做我们责任内的事，成效如何，自己能否看见，都不必管。

庄庄狠乖，你的法文居然赶过四哥了，将来我还要看你的历史学等赶过三哥呢。

思永的字真难认识，我每看你的信，都狠费神，你将来回国跟着我，非逼着你写一年九宫格不可。

达达昨日入协和，明日才开刀，大概要在协和过年了。我拟带着司马懿、六六们在清华过年（先令他们向你妈妈相片拜年），元旦日才入城，向祖宗拜年，过年后打算去汤山住一礼拜，因为近日太劳碌了，寒假后开学恐更甚。

每天老白鼻总来搅局几次，是我最好的休息机会（他又来了，又要写信给亲家了）。

我游美的事你们意见如何？我现在仍是无可无不可，朋友们却反对得厉害。

一月廿七日　旧历十二月廿四日　爹爹

与思顺书

你们看着一定欢喜得连觉也睡不着

[1927年1月30日]

顺儿：

这一礼拜内写信真多，若是同一水船到，总要够你们忙好几

点钟才看完。

昨天下午才返清华，今日又有事入城，可巧张主事上午来南长街，没有见着他，过了新年定要找他谈谈，打听你们的状况。

我昨天才给老白鼻买了许多灯来，已经把他跳得个不亦乐乎。今日把你带来的皮包打开，先给他穿上那套白羊毛的连衫带裤带袜子，添上手套，变成一个白狗熊。可惜前几天大雪刚下过了——一连下了四天，民国以来没有之大雪，现在还未化尽——不然叫他在雪里站着真好顽极了，穿了一会脱下换上那套浅蓝的，再披上昨年寄他的外套，他舍不得脱，现在十点钟了还不肯去睡。可巧前三天刚带他照过一幅相，等过了新年再叫他穿齐照一幅，你们看着才知道他如何可爱呢。

谢谢希哲送我的东西，真合用，我也学老白鼻样子立刻试用起来了（坐汽车时尤为合用）。细婆的提包等年初一带进城去，只怕把他老人家的嘴也笑得整天合不拢来。细婆近两三个月哀痛渐忘，终日狠快乐样子，令我们十分高兴。他老人家喜欢小同同极了，尤其稀罕的是他一天到晚不哭一声。

我三日前亲自去照相馆，照得幅相，现在只将样本拿来，先寄你和庄庄各一张——成、永、忠处过几天直接分寄——你们看着一定欢喜得连觉也睡不着，说道：“想不到爹爹这样胖，这样精神！”

达达现在关在协和医院，原来他的病不是痔乃是漏，幸亏早医，不然将来身子将大吃亏，一定会残废夭折，好在还狠轻，他前天割了，只用局部麻醉，一点不觉痛，一个礼拜便可出院

了。却是他种种计画说：新年如何如何的顽，现在不能不有点失望了。

六六的喉咙本来也要同时割，因为他放学迟，只好过年再说。

我前天看见刘瑞恒，他说已经把我的诊断书寄给你了，收到没有？但现在已经过时，谅来你也不着急了。

麦机路的汉文科，如此规模宏大，真可惊羡，张君劢去当教授，当然最好，也许可以去待我和他商量，研究院学生中却也有一两位可充此职，等下次信再详细说罢。

昨天电汇去五百美金，想已收到。暑假时庄庄去美国，是我最喜欢的，只管打定主意罢。庄庄今年尚须用多少钱（除这五百金外），我等你信就寄来。

这几天学堂放假，我正在极力顽耍，得你的信，助我不少兴致。

丙寅腊不尽二日　一月卅日　爹爹

与孩子们书

我生平最服膺曾文正两句话：莫问收获，但问耕耘

[1927年2月6日—16日]

孩子们：

旧历年前写了好几封信，新年入城顽了几天，今天回清华，猜着该有你们的信。果然，思成一月二日、思永一月六日、忠忠

十二月三十一日的信同时到了——思顺和庄庄的是一个礼拜前已到，已回过了。

我讲个笑话给你们听，达达入协和受手术，医生本来说过，要一礼拜后方能出院，看着要在协和过年了，谁知我们年初一入城，他已经在南长街大门等着。原来医院也许病人请假，医生也被他磨不过，放他出来一天，到七点钟仍旧要回去，到年初三他真正出院了，现已回到清华，顽得极起劲。他的病却不轻，医生说割的正好，太早怕伤身子，太迟病日深更难治。这样一来，此后他身体的发育（连智慧也有影响）可以有特别的进步，真好极了。

我从今天起，每天教达达、思懿国文一篇，目的还不在专教他们，乃是因阿时寒假后要到南开当先生了，我实在有点不放心。所以借他们来教他的教授法，却是已经把达达们高兴到了不得了。

以上二月六日写

前信未写完，昨天又接到思顺一月四日、八日两信，庄庄一月四日信，趁现在空闲，一总回信多谈些罢。

庄庄功课样样及格，而且副校长狠夸奖他，我听见真高兴，就是你姊姊快要离开加拿大，我有点舍不得，你独自一人在那边，好在你已成了大孩子了，我一切都放心。你去年的钱用得狠省俭，也足见你十分谨慎。但是我不愿意你们太过刻苦，你们既已都是狠规矩的孩子，不会乱花钱，那么便不必太苦，反变成寒

酸。你赶紧把你预算开来罢！一切不妨预备松动些，暑假中到美国旅行和哥哥们会面是必要的。你总把这笔费开在里头便是，年前汇了五百金去，尚缺多少？我接到信立刻便汇去。

张君劢愿意就你们学校的教职，我已经有电给姊姊了，他大概暑期前准到。他的夫人是你们世姊妹，姊姊走了，他来也和自己姊姊差不多，这是我替庄庄高兴的事。却是你要做衣服以及要什么东西赶紧写信来，我托他多多的给你带去。

思顺调新加坡的事，我明天进城便立刻和顾少川说去，若现任人没有什么特别要留的理由，大概可望成功吧，成与不成，此信到时当已揭晓了。使馆经费仍不见靠得住，因为二五附加税问题狠复杂，恐怕政府未必能有钞到手。你们能够调任一两年，弥补亏空，未尝不好。至于调任后有无风波，谁也不敢说，只好再看罢。

以上二月十日写

前信未写完便进城去，在城住了三天，十四晚才回清华，顾少川已见着了。调任事恐难成。据顾说现在各方面请托求此缺者，已三十人，只好以不动为搪塞，且每调动一人必有数人牵连着要动，单是川资一项已无法应付，只得暂行一概不动云云。升智利事亦曾谈到，倒可以想法，但我却不甚热心此着。因为使馆经费有着，则留坎亦未尝不可行，如无着则赔累恐更甚，何必多此一举呢？附加税问题十天半月内总可以告一段落，姑且看一看再说罢。

少川！另说出一种无聊的救济办法，谓现在各使馆有向外国银行要求借垫而外交部予以担保承认者，其借垫额为薪俸与公费之各半数，手续则各使馆自行与银行办妥交涉，致电（或函）请外交部承诺，不知希哲与汇丰、麦加利两银行有交情否，若有相当交情，不妨试一试。

以上二月十五日写

（这几张可由思成保存，但仍须各人传观，因为教训的话于你们都有益的。）

思成和思永同走一条路，将来互得联络观摩之益，真是再好没有了。**思成来信问有用无用之别，这个问题狠容易解答，试问唐开元、天宝间李白、杜甫与姚崇、宋璟比较，其贡献于国家者孰多？为中国文化史及全人类文化史起见，姚、宋之有无，算不得什么事。若没有了李、杜，试问历史减色多少呢？我也并不是要人人都做李、杜，不做姚、宋，要之，要各人自审其性之所近何如，人人发挥其个性之特长，以靖献于社会，人才经济莫过于此。**思成所当自策历者，惧不能为我国美术界作李、杜耳。如其能之，则开元、天宝间时局之小小安危，算什么呢？你还是保持这两三年来的态度，埋头埋脑做去便对了。

你觉得自己天才不能负你的理想，又觉得这几年专做呆板工夫，生怕会变成画匠。你有这种感觉，便是你的学问在这时期内将发生进步的特征，我听见倒喜欢极了。孟子说：“能与人规矩，不能使人巧。”凡学校所教与所学总不外规矩方面的

事，若巧则要离了学校方能发见。规矩不过求巧的一种工具，然而终不能不以此为教、以此为学者，正以能巧之人，习熟规矩后，乃愈益其巧耳（不能巧者，依着规矩可以无大过）。你的天才到底怎么样，我想你自己现在也未能测定，因为终日在师长指定的范围与条件内用功，还没有自由发挥自己性灵的余地，况且一位大文学家、大美术家之成就，常常还要许多环境与及附带学问的帮助。

中国先辈屡说要“读万卷书，行万里路”。你两三年来蛰居于一个学校的图案室之小天地中，许多潜伏的机能如何便会发育出来？即如此次你到波士顿一趟，便发生许多刺激，区区波士顿算得什么，比起欧洲来真是“河伯”之于“海若”，若和自然界的崇高伟丽之美相比，那更不及万分之一了。然而令你触发者已经如此，将来你学成之后，常常找机会转变自己的环境，扩大自己的眼界和胸次，到那时候或者天才会爆发出来。今尚非其时也。今在学校中只有把应学的规矩，尽量学足，不惟如此，将来到欧洲回中国，听有未学的规矩也还须补学，这种工作乃为一生历程所必须经过的，而且有天才的人绝不会因此而阻抑他的天才，你千万别要对此而生厌倦，一厌倦即退步矣。至于将来能否大成，大成到怎么程度，当然还是以天才为之分限，我生平最服膺曾文正两句话：“莫问收获，但问耕耘。”将来成就如何，现在想他则甚？着急他则甚？一面不可骄盈自慢，一面又不可怯懦自馁，尽自己能力做去，做到那里是那里，如此则可以无入而不自得，而于社会亦总有多少贡

献。我一生学问得力专在此一点，我盼望你们都能应用我这点精神。

思永回来一年的话怎么样？主意有变更没有？刚才李济之来说，前次你所希望的已经和毕士卜谈过，他狠高兴，已经有信去波士顿博物院，一位先生名罗治者和你接洽，你见面后所谈如何可即回信告我。现在又有一帮瑞典考古学家要大举往新疆发掘了，你将来学成归国，机会多着呢！

忠忠会自己格外用功，而且埋头埋脑不管别的事，好极，好极。姊姊、哥哥们都有信来夸你，我和你娘娘都极喜欢，西点事三日前已经请曹校长再发一电给施公使，未知如何，只得尽了人事后听其自然。你既走军事和政治那条路，团体的联络是少不得的，但也不必忙，在求学时期内暂且不以此分心也是好的。

旧历新年期内，我着实顽了几天，许久没有打牌了，这次一连打了三天也狠觉有兴，本来想去汤山，因达达受手术，他娘娘离不开，也没有去成。

昨日清华已经开学了，自此以后我更忙个不了，但精神健旺，一点不觉得疲倦。虽然每遇过劳时，小便还带赤化，但既与健康无关，绝对的不管他便是了。

阿时已到南开教书。北院一号只有我和王姨带着两个白鼻住着，清静得狠。

相片分寄你们，都收到没有？还有第二次照的呢！过几天再寄。

二月十六日　爹爹

思成信上讲钟某的事，狠奇怪。现在尚想不着门路去访查，若能得之，则图书馆定当想法购取也。

Lodge，此人为美国参议院前外交委员长之子，现任波士顿博物院采集部长。关于考大学事，拟与思永有所接洽。毕士卜已有信致彼，思永或可直往访之。

卷五

[1927.3.9-1927.12.5]

与孩子们书

不是“得过且过”，却是“得做且做”

[1927年3月9日]

孩子们：

有件小小不幸事情报告你们，那小同同已经死了。他的病是肺炎，在医院住了六天，死得像狠辛苦狠可怜。这是近一个月来京津间的流行病，听说因这病死的小孩，每天总有好几个，初起时不慎觉得重大，稍迟已无救了。同同大概被清华医生耽阁了三天（一起病便吃药，但并不对症），克礼来看时已是不行了。我倒没有什么伤感（几乎一点也没有，除去他虐重时去看他觉得不忍，我自始对于他便没有特别爱情，不知何故），他娘娘在医院中连着五天五夜，几乎完全没有睡觉，辛苦憔悴极了。还好他还能达观，过两天身体与及心境都完全恢复了，你们不必担心。

当小同同病重时，老白鼻也犯同样的病，当时他在清华，他娘在城里，幸亏发现得早，立刻去医，也在德国医院住了四天，现在已经出院四天，完全安心了。克礼说若迟两天医也狠危险哩。说来也奇怪，据老郭说，那天晚上他做梦，梦见你们妈妈来

骂他道："那小的已经不行了，老白鼻也危险，你还不赶紧抱他去看，走！走！快走！快走！"就这样的把他从睡梦里打起来了。他明天来和我说（没有说做梦，这些梦话是他到京后和王姨说的），老白鼻夜里咳嗽得颇厉害，但是胃口狠好，出恭狠好，谅来没什么要紧罢（本来因为北京空气不好，南长街孩子太多，不愿意他在那边住，所以把他带回清华）。我叫到清华医院看，也说绝不要紧，到底有点不放心，那天我本来要进城，于是把他带去，谁知克礼一看，说正是现在流行最危险的病，叫在医院住下。那天晚上小同便死了。他娘还带着老白鼻住院四天，现在总算安心了。你们都知道，我对于老白鼻非常之爱，倘使他有什么差池，我的刺激却太过了。老郭的梦虽然杳茫，但你妈妈在天之灵常常保护他一群心爱的孩子，也在情理之中。这回把老白鼻救转来是老郭一梦，实也功劳不小哩。

使馆经费看着丝毫没有办法，真替思顺们着急，前信说在外国银行自行借垫，有外交部承认担保，这种办法希哲有方法办到吗？望速进行，若不能办到，恐怕除回国外无别路可走。但回国也狠难，不惟没有饭吃，只怕连住的地方都没有。北京因连年兵灾，灾民在城圈里骤增十几万，一旦兵事变动（看着变动狠快，怕不能保半年），没有人维持秩序，恐怕京城里绝对不能住。天津租界也不见安稳得多少，因为洋鬼子的纸老虎已经戳穿，哪里还能靠租界做避世桃源呢。现在武汉一带，中产阶级简直无生存之余地，你们回来又怎么样呢？所以我颇想希哲在外国找一件职业，暂行维持生活，过一两年再作道理，你们想想有职业可

找吗？

前信颇主张思永暑期回国，据现在情形，还是不来的好，也许我就要亡命出去了。

这信上讲了好些悲观的话，你们别要以为我心境不好，我现在讲学正讲的起劲哩，每星期有五天演讲，其余办的事，也兴会淋漓，我总是抱着“有一天做一天”的主义（不是“得过且过，却是“得做且做”），所以一样的活泼、愉快，谅来你们知道我的性格，不会替我担忧。

三月九日 爹爹

与孩子们书

我若不把他做成，真是对国民不住，对自己不住

[1927年3月10日]

昨信未发，今日又得顺儿正月卅一、二月五日、二月九日，永儿二月四日、十日的信，顺便再回几句。

使领经费看来总是没有办法，问少川也回答不出所以然，不问他我们亦知道情形。二五附加税若能归中央支配，当然那每年二百万是有的，但这点钱到手后，丘八先生那里肯吐出来。现在听说又向旧关税下打主意——五十万——若能成功，也可以发两个月，但据我看，是没有希望的。你们不回来，真要饿死，但回来后不能安居也眼看得见。所以我狠希望希哲趁早改行，但改行不是件容易的事，我也狠知道，请你们斟酌罢。

藻孙是绝对不会有钱还的，他正在天天饿饭，到处该了无数的账，还有八百块钱是我担保的，也没有方法还起。我看他借贷之路，亦已穷了，真不知他将来如何得了。我现在也不能有什么事情来招呼他，因为我现在所招呼的都不过百元内外的事情（但是现在的北京得一百元的现金收入，已经等于从前的五六百元了，所以我招呼的几个人，别人已经看着眼红），你二叔在储才馆当狠重要的职务，不过百二十元（一天忙得要命），鼎甫在图书馆不过百元，十五舅八十元（算是领干薪不办事），藻孙不愿回北京，他在京也非百元内外可够用，所以我没有法子招呼他，他的前途我看着是狠悲惨的（其实那一个不悲惨，我看许多亲友们一年以后都落到这种境遇），你别要希望他还钱罢。

我从前虽然狠愿意思永回国一年，但我现在也不敢主张了，因为也许回来后只做一年的“避难”生涯，那真不值得了。我看暑假后清华也不是现在的局面了，你还是一口气在外国学成之后再说罢——你的信，我过两天只管再和李济之商量一下，但据现在情形，恐怕连他不敢主张了。

思永说我的《中国史》诚然是我对于国人该下一笔大账，我若不把他做成，真是对国民不住，对自己不住。也许最近期间内，因为我在北京不能安居，逼着埋头三两年，专做这种事业，亦未可知，我是无可无不可，随便环境怎么样，都有我的事情做，都可以助长我的兴会和努力的。

电灯要灭了，再谈罢。

三月十日　爹爹

续寄一批相片去（老白鼻的最多），分寄你们各人的，你们看着一定喜欢。

那小同同却是连一个相片也没有留下，老白鼻像他那么大时，已经照过好几张了，可见爹爹偏爱。

与孩子们书

总是随遇而安，不必事前干着急

[1927年3月21日]

孩子们：

今日正写起一封短信给思顺，尚未发，顺的二月十八、二十两信同时到了，狠喜欢。

闻外交部要房租的事，等我试问问顾少川有无办法，若得了此款，便能将就住一年，倒狠好。因为回国后什么地方能安居，狠是渺茫。

今日下午消息狠紧，恐怕北京的变化意外迅速，朋友多劝我早为避地之计（上海那边如黄炎培及东南大学稳健教授都要逃难），因为暴烈分子定要和我过不去，是显而易见的。更恐北京有变后，京、津交通断绝，那时便欲避不能。我现在正在斟酌中。本来拟在学校放暑假前作一结束，现在怕等不到那时了。

在这种情形之下，思永回国问题当然再无商量之余地，把前议完全打消罢。

再看一两星期怎么样，若风声加紧，我便先回天津；若天津秩序不乱，我也许可以安居，便摒弃百事，专用一两年工夫，做那《中国史》，若并此不能，那时再想方法。总是随遇而安，不必事前干着急。

南方最闹得糟的是两湖，比较好的是浙江。将来北方怕要蹈两湖覆辙，因为穷人太多了（浙江一般人生活状况还好，所以不容易赤化），我总感觉着全个北京将有大劫临头，所以思顺们立刻回来的事，也不敢十分主张。但天津之遭劫，总该稍迟而且稍轻。你们回来好在人不多，在津寓或可以勉强安居。

还有一种最可怕的现象——金融界破裂。我想这是免不了的事，狠难握过一年，若到那一天，全国中产阶级真都要饿饭了。现在湖南确已到这种田地，试举一个例：蔡松坡家里的人已经饿饭了，现流寓在上海。他们并非有意与蔡松坡为难（他们狠优待他家），但买下那几亩田没有人耕，迫着要在外边叫化，别的人更不消说了。

恐怕北方不久也要学湖南榜样。

我本来想凑几个钱汇给思顺，替我存着，预备将来万一之需，但凑也凑不了多少，而且寄往远处，调用不便，现在打算存入（连兴业的透支可凑万元）花旗银行作一两年维持生活之用。

这些话本来不想和你们多讲，但你们大概都有点见识、有点器量，谅来也不至因此而发愁着急，所以也不妨告诉你们。总之，我是握得苦的人，你们都深知道全国人都在黑暗和艰难的境

遇中，我当然也该如此（只有应该比别人加倍，因为我们平常比别人舒服加倍）。所以这些事我蛮不在意，总是老守着我那“得做且做”主义，不惟没有烦恼，而且有时兴会淋漓。

电灯要灭了，睡觉去，再谈。

三月廿一晚　爹爹

与孩子们书

北京正是满地火药，待时而发

[1927年3月29日]

孩子们：

这几天上海、南京消息想早已知道了。南京事件真相如何，连我也未十分明白（也许你们消息比我还灵通），外人张大其词，虽在所不免，然党军中有一部分人有意捣乱，亦绝无可疑。蒋介石辈非共产党，现已十分证明，然而他们压制共党之能力何如，恐怕连他们自己也不敢相信。（此处有删节。）

北京正是满地火药，待时而发，一旦爆裂，也许比南京更惨。希望能暂时弥缝，延到暑假。暑假后大概不能再安居清华了。天津也不稳当，但不如北京之绝地，有变尚可设法避难，现已饬人打扫津屋，随时搬回。司马懿、六六们的培华，恐亦开不成了（中西、南开也是一样）。

现在最令人焦躁者，还不止这些事。老白鼻得病已逾一月，时好时发，今日热度狠高，怕成肺炎，我看着狠难过。

我十天前去检查身体一次，一切甚好，血压极平均，心脏及其他都好，惟“赤化”不灭。医生说：“没有别的药比节劳更要紧。”近来功课太重，几乎没有一刻能停，若时局有异动，而天津尚能安居，倒于养生有益哩。

顾少川说汇点钱给你们，不知曾否汇去，已再催他了。思永回国事，当然罢议。思顺们或者还是回来共尝苦辛罢。

三月廿九日　爹爹

与孩子们书

正在靠临帖来镇定自己

[1927年3月30日]

老白鼻病利害极了，昨天早上还是好好的，说笑跳顽，下午忽然发起烧来，夜里到三十九度四，现在证明是由百日咳转到肺炎，狠危险，拟立刻送到城里去入协和医院（还不知协和收不收，清华医生正在打电话去问）。只望他能脱度危关，我们诚心求你妈妈默佑他。

我现在心狠乱，今日讲课拟暂停了，正在靠临帖来镇定自己。

三月三十日　爹爹

现在立刻入城去。

与顺儿书

老白鼻平安，真谢天谢地

[1927年4月2日]

顺儿：

前三天因老白鼻病着急万分，你们看信谅亦惊慌，现在险象已过，大约断不至有意外。现又由协和移入德院，因协和不准亲人在旁，以如此小孩委之看护妇，彼终日啼哭，病终难愈也。北京近两月来死去小孩无数，现二叔家的李妹妹两个又都在危险中，真令人惊心动魄。气候太不正了，再过三天便是清明，今日仍下雪，寒暑表早晚升降，往往相差二十度，真难得保养也。

我受手术后，刚满一年，因老白鼻入协和之便，我也去住院两日，切实检查一番（今日上午与老白鼻同时住院），据称肾的功能已完全回复，其他各部分都狠好，“赤化”虽未殄灭，于身体完全无伤，不理他便是。他们说唯一的药，只有节劳（克礼亦云然）。此亦老生常谈，我总相当的注意便是。

前得信后，催少川汇款接济（千五百美金），彼回信言即当设法。又再加信催促，属彼汇后复我一信，今得信言三月廿七已电汇二千三百元。又王荫泰亦有信来，今一并寄阅（部中大权全在次长手，我和他不相识，所以前致少川信问候他，来信却非常恭敬）。此款谅已收到，你们也可以勉强多维持几个月了。

我大约必须亡命，但以现在情形而论，或者可以捱到暑假，本来打算这几天便回天津，现在拟稍迟乃行。

老白鼻平安，真谢天谢地，我狠高兴，怕你们因前信担心，所以赶紧写这封。

四月二日　爹爹南长街发

与庄庄书

学自然科学的人，先得些社会科学常识，也是好事

[1927年4月28日]

庄庄：

你来的狠勤，我得着总是欢喜到了不得，现在家里光景并不狠紧，你不用着急，你的学费是家里头正当支出并不算多，何况一切由你周三哥和姊姊经理，并不用我操心，你只要安心做你的学问便是了，其他都不必优虑。

你功课不甚好也不要紧，因为你进大学原算是提早一年多的功课，格外费些力是意中事，况且原学社会科学，中途又改自然科学，当然要吃力一点，但都不要紧，学自然科学的人，先得些社会科学常识，也是好事。现在重新学的生物学，假使两年光阴不够用，便再多留一年或半年为何不可，你的年纪还小哩。

你暑假后留坎或转学美国全由你自己和姊姊哥哥们商定，我在远不便遥制，只要你身体结实，用功不太过分，我便放心了。

四月廿八日　爹爹

与顺儿书

请你们全权替我经营

[1927年5月4日]

顺儿：

我有封长信给你们（内关于忠忠想回国事），写了好几天，还没有完。现在有别的事，先告诉你。

现在因为国内太不安宁，大有国民破产的景象，真怕过一两年，连我这样大年纪也要饿饭，所以我把所有的现钱凑五千美金汇存你那里，请你们夫妇替我经理着，生一点利息，最好能靠这点利息供给庄庄们的学费，本钱便留着作他日不时之需。你去年来信不是说那边一分利以上事业，还狠有机会吗？请你们全权替我经营（虽亏本也不要紧，凡生意总不能说一定有盈无亏的，总之，我全权托你们就是）。过一两月若能将所有股票之类卖些出去，我还想凑足美金一万元哩。你说好不好？

久大本定期发息，广告早已出来了，因汉口将所有商民现金一概没收，久大便去了四十多万，今年不能发息了。此外无论何种事业都受影响，简单说，稍微有点萌芽的工商业这次都一扫而空了，党人只是和本国人过不去，专门替帝国主义者造机会罢了。

李柳溪回信寄上。

你们外交官运气也真坏，外交部好容易凑得七万五千美金，向使领馆稍为点缀点缀，被汇丰银行中国账房倒账，只怕连这点都落空了。

其余改天再谈。

五月四日　爹爹

五千美金有一千由北京通易公司汇，有四千由天津兴业汇，想不久当陆续汇到。

与孩子们书

常常盼望你们在苦困危险中把人格能磨练出来

[1927年5月5日]

孩子们：

这个礼拜寄了一封公信，又另外两封（内一封由坎转）寄思永，一封寄思忠，都是商量他们回国的事，想都收到了。

近来连接思忠的信，思想一天天趋到激烈，而且对于党军胜利似起了无限兴奋，这也难怪。本来中国十几年来，时局太沉闷了，军阀们罪恶太贯盈了，人人都痛苦到极，厌倦到极，想一个新局面发生，以为无论如何总比旧日好，虽以年辈狠老的人尚多半如此，何况青年们！所以你们这种变化，我绝不以为怪，但是这种希望，只怕还是落空。

（此处有删节。）

我一个月以来，天天在内心交战苦痛中。我实在讨厌政党生活，一提起来便头痛。因为既做政党，便有许多不愿见的人也要

见，不愿做的事也要做，这种日子我实在过不了。若完全旁观畏难躲懒，自己对于国家实在良心上过不去。所以一个月来我为这件事几乎天天睡不着（却是白天的学校功课没有一天旷废，精神依然十分健旺），但现在我已决定自己的立场了。我一个月来，天天把我关于经济制度（多年来）的断片思想，整理一番。自己有确信的主张（我已经有两三个礼拜在储才馆、清华两处讲演我的主张），同时对于政治上的具体办法，虽未能有狠惬心贵当的，但确信代议制和政党政治断不适用，非打破不可。所以我打算在最近期间内把我全部的主张堂堂正正著出一两部书来，却是团体组织我绝对不加入，因为我根本就不相信那种东西能救中国。最近几天，季常从南方回来，狠赞成我这个态度（丁在君们是主张我全不谈政治，专做我几年来所做的工作，这样实在对不起我的良心）。我再过两礼拜，本学年功课便已结束，我便离开清华，用两个月做成我这项新工作（煜生听见高兴极了，今将他的信寄上，谅来你们都同此感想罢）。

（此处有删节。）

以下的话专教训忠忠。

三个礼拜前，接忠忠信，商量回国，在我万千心事中又增加一重心事。我有好多天把这问题在我脑里盘旋。因为你要求我秘密，我尊重你的意思，在你二叔、你娘娘跟前也未提起，我回你的信也不由你姊姊那里转。但是关于你终身一件大事情，本来应该和你姊姊、哥哥们商量（因为你姊姊哥哥不同别家，他们都是有程度的人）。现在得姊姊信，知道你有一部分秘密已经向姊姊

吐露了，所以我就在这公信内把我替你打算的和盘说出，顺便等姊姊、哥哥们都替你筹画一下。

你想自己改造环境，吃苦冒险，这种精神是狠值得夸奖的，我看见你这信非常喜欢。你们谅来都知道，爹爹虽然是挚爱你们，却从不肯姑息溺爱，常常盼望你们在苦困危险中把人格能磨练出来。你看这回西域冒险旅行，我想你三哥加入，不知多少起劲，就这一件事也狠可以证明你爹爹爱你们是如何的爱法了。所以我最初接你的信，倒有六七分赞成的意思，所费商量者，就只在投奔什么人——详情已见前信，想早已收到——我当时回你信过后，我便立刻找蒋慰堂叫他去商量白崇禧那里，又找林宰平商量李济琛那里。你的秘密我就只告诉这两个人（**前天季常来问起这件事，我大吃一惊，连你二叔不知道，他怎么会知道呢？原来是宰平告诉他，宰平也颇赞成**）。现在都还没有回信——因为交通梗塞，通信极慢——但现在我主张已全变，绝对的反对你回来了。因为三个礼拜前情形不同，对他们还有相当的希望，觉得你到那边阅历一年总是好的。现在呢？对于白、李两人虽依然不绝望——假使你现在国内，也许我还相当的主张你去——但觉得老远跑回来一趟，太犯不着了。头一件，现在所谓北伐，已完全停顿，参加他们军队，不外是参加他们火拼，所为何来？第二件，自从党军发展之后，素质一天坏一天，现在迥非前比。白崇禧军队算是极好的，到上海后纪律已大坏，人人都说远不如孙传芳军哩。跑进去不会有什么好东西学得来，第三件，他们正火拼得起劲——李济琛在粤，一天内杀左派二千人，两湖那边杀右派也是

一样的起劲——人人都有自危之心，你们跑进去立刻便卷在这种危险漩涡中。危险固然不必避，但须有目的才犯得着冒险。现这样不分皂白切葱一般杀人，死了真报不出账来，冒险总不是这种冒法。这是我近来对于你的行止变更主张的理由，也许你自己亦已经变更了。我知道你当初的计画，是几经考虑才定的，并不是一时的冲动。但因为你在远，不知事实，当时几视党人为神圣，想参加进去，最少也认为是自己历练事情的唯一机会。这也难怪。北京的智识阶级，从教授到学生，纷纷南下者，几个月以前不知若干百千人；但他们大多数都极狼狈，极失望而归了，你若现成在中国，倒不妨去试一试（他们也一定有人欢迎你），长点眼识，但老远跑回来，在极懊丧极狼狈中白费一年光阴却太不值了。

至于你那种改造环境的计画，我始终是极端赞成的，早晚总要实行三几年，但不争在这一时。你说："照这样舒服几年下去，便会把人格送掉。"这是没出息的话！一个人若是在舒服的环境中会消磨志气，那么在困苦懊丧的环境中也一定会消磨志气。你看你爹爹困苦日子也过过多少，舒服日子也经过多少，老是那样子，到底志气消磨了没有——也许你们有时会感觉爹爹是怠惰了（我自己常常有这种警惧），不过你再转眼一看，一定会仍旧看清楚不是这样——我自己常常感觉我要拿自己做青年的人格模范，最少也要不愧做你们姊妹弟兄的模范。我又狠相信我的孩子们，个个都会受我这种遗传和教训，不会因为环境的困苦或舒服而堕落的。你若有这种自信力，便"随遇而安"的做。

现在所该做的工作，将来绝不怕没有地方没有机会去磨练，你放心罢。

你明年能进西点便进去，不能也没有什么可懊恼，进南部的“打人学校”也可，到日本也可，回来入黄埔也可（假使那时还有黄埔），我总尽力替你设法。就是明年不行，把政治经济学学得可以个自信，回来再入那个军队当排长，乃至当兵，我都赞成。但现在殊不必牺牲光阴，太勉强去干。所以无论宰平们回信如何，我都替你取消前议了。你试和姊姊、哥哥们切实商量，只怕也和我同一见解。

这封信前后经过十几天，才陆续写成，要说的话还不到十分之一。电灯久灭了，点着洋蜡，赶紧写成，明天又要进城去。

你们看这信，也该看出我近来生活情形的一斑了。我虽然为政治问题狠绞些脑髓，却是我本来的工作并没有停，每礼拜四堂讲义都讲得极得意（因为《清华周刊》被党人把持，周传儒们不肯把讲义笔记给他们登载），每次总讲两点钟以上，又要看学生们成绩，每天写字时候仍极多。昨今两天给庄庄、桂儿写了两把小楷扇子。每天还和老白鼻顽得极热闹，陆续写给你们的信也真不少。你们可以想见爹爹精神何等健旺了。

五月五日　爹爹

与顺儿书

总要常常保持着元气淋漓的气象

[1927年5月13日]

顺儿：

我看见你近日来的信，狠欣慰。你们缩小生活程度，暂在坎揮一两年，是最好的。你和希哲都是寒士家风出身，总不要坏自己家门本色，才能给孩子们以磨练人格的机会。生当乱世，要吃得苦，才能站得住（其实何止乱世为然），一个人在物质上的享用，只要能维持着生命便够了。至于快乐与否，全不是物质上可以支配。能在困苦中求出快活，才真是会打算盘哩。何况你们并不算穷苦呢？拿你们（两个人）比你们的父母，已经舒服多少倍了，以后困苦日子，也许要比现在加多少倍，拿现在当作一种学校，慢慢磨练自己，真是最好不过的事，你们该感谢上帝。

（你们的留支稍微迟点再寄去，因为汇去美金五千，此间已无余钱，谅来迟一两个月送不碍事吧！）

你好几封信提小六还债事，我都没有答复。我想你们这笔债权只好算拉倒罢。小六现在上海，是靠向朋友借一块两块钱过日子，他不肯回京，即回京也没有法好想，他因为家庭不好，兴致索然，我怕这个人就此完了。除了他家庭特别关系以外，也是因中国政治太坏，政客的末路应该如此（八百猪仔，大概都同一命运吧）。古人说："择术不可不慎"，真是不错。但亦由于自己

修养功夫太浅，所以立不住脚，假使我虽处他这种环境，也断不至像他样子。他还没有学下流，到底还算可爱，只是万分可怜罢了。

我们家几个大孩子大概都可以放心，你和思永大概绝无问题了。思成呢？我就怕因为徽音的境遇不好，把他牵动，忧伤憔悴是容易销磨人志气的（最怕是慢慢的磨）。即如目前因学费艰难，也足以磨人。但这是一时的现象，还不要紧，怕将来为日方长。我所忧虑者还不在物质上，全在精神上。我到底不深知徽音胸襟如何，若胸襟窄狭的人，一定抵挡不住忧伤憔悴，影响到思成，便把我的思成毁了。你看不至如此吧！关于这一点，你要常常帮助着思成注意预防。总要常常保持着元气淋漓的气象，才有前途事业之可言。

思忠呢，最为活泼，但太年轻，血气未定，以现在情形而论，大概不会学下流（我们家孩子断不至下流，大概总可放心），只怕进锐退速，受不起打击。他所择的术——政治军事——又最含危险性，在中国现在社会做这种职务狠容易堕落。即如他这次想回国，虽是一种极有志气的举动，我也狠夸奖他，但是发动得太孟浪了。这种过度的热度，遇着冷水浇过来，就会抵不住。从前许多青年的堕落，都是如此。我对于这种志气，不愿高压，所以只把事业上的利害慢慢和他解释，不知他听了如何。这种教育方法，狠是困难，一面不可以打断他的勇气，一面又不可以听他走错了路（走错了本来没什么要紧，聪明的人会回头另走，但修养工夫未够，也许便因挫折而堕落）。所以我对于他还

有好几年未得放心，你要就近常常察看情形，帮着我指导他。

今日没有功课，心境清闲得狠，随便和你谈谈家常，狠是快活。要睡觉了，改天再谈罢。

五月十三日　爹爹

与孩子们书

我本身无特别危险

[1927年5月31日]

孩子们：

本拟从容到放暑假时乃离校，这两天北方局势骤变，昨今两日连接城里电话，催促急行，乃仓皇而遁，可笑之至。好在校阅成绩恰已完功，本年学课总算全始全终，良心上十分过得去。

今日一面点检行李（因许多要紧书籍稿件拟带往津），下午急急带着老白鼻往坟上看一趟（因为此次离开北京，也许要较长的时日才能再回来），整夜不睡，点着蜡结束校中功课及其他杂事，明日入城，后日早车往津。

今日接思永信，说要去西部考古，我极赞成，所需旅费美金二百，即汇去，计共汇中国银一千二百元（合美金多少未知），内七百五十元系希哲四、五、六三个月留支（先垫出一个月），余四百五十元即给永旅费，顺收到美金多少，即依此数分配便是。若永得到监督处拨款，此数（四百五十元）即留为庄学费。

津租界或尚勉强可住，出去数日看情形如何，再定行止，不得已或避地日本，大约不消如此。我本身无特别危险，只要地方安宁，便可匿迹销声，安住若干时日（夕兵屯集之下，靠此保障，可痛可怜）。

北京却险极，恐二叔们也要逃难。

五月三十一日天将亮　爹爹

与孩子们书

但我已领受你的孝心，一星期来已实行八九了

[1927年6月14日—15日]

孩子们：

三个多月不得思成来信，正在天天悬念，今日忽然由费城打回头相片一包——系第一次所寄者（阴历新年），合家惊慌失措。当即发电坎京询问，谅一二日即得复电矣。**你们须知你爹爹是最富于情感的人，对于你们的爱情，十二分热烈。你们无论功课若何忙迫，最少隔个把月总要来一封信，便几个字报报平安也好。你爹爹已经是上年纪的人，这几年来，国忧家难，重重叠叠，自己身体也不如前。你们在外边几个大孩子，总不要增加我的忧虑才好。**

我本月初三离开清华，本想立刻回津，第二天得着王静安先生自杀的噩耗，又复奔回清华，料理他的后事及研究院未完的首尾，直至初八才返到津寓。现在到津已将一星期了。

静安先生自杀的动机，如他遗嘱上所说："五十之年，只欠一死，遭此世变，义无再辱。"他平日对于时局的悲观，本极深刻。最近的刺激，则由两湖学者叶德辉、王葆心之被枪毙。叶平日为人本不自爱（学问却甚好），也还可说是有自取之道，王葆心是七十岁的老先生，在乡里德望甚重，只因通信有"此间是地狱"一语，被暴徒拽出，极端捶辱，卒致之死地。静公深痛之，故效屈子沉渊，一瞑不复视。此公治学方法，极新极密，今年仅五十一岁，若再延寿十年，为中国学界发明，当不可限量。今竟为恶社会所杀，海内外识与不识莫不痛悼。研究院学生皆痛哭失声，我之受刺激更不待言了。

半月以来，京津已入恐慌时代，亲友们颇有劝我避地日本者，但我极不欲往，因国势如此，见外人极难为情也。天津外兵云集，秩序大概无虞。昨遣人往询意领事，据言意界必可与他界同一安全。既如此，则所防者不过暴徒对于个人之特别暗算。现已实行"闭门"二字，镇日将外国铁门关锁，除少数亲友外，不接一杂宾，亦不出门一步，决可无虑也。

以上六月十四日写

十五日傍晚，得坎京复电，大大放心了。早上检查费城打回之包封，乃知寄信时神经病的阿时将住址写错——错了三十多条街，难怪找不着了，但原因总缘久不接思成信。我一个月来常常和王姨谈起，担心思成身子。昨日忽接该件，王姨惊慌失其常度（王姨急得扶乩问你妈，谁知请了半点钟，竟请不来，从前不是

说三年后便不来吗？恐怕真的哩！但前三个月老白鼻病时，还请来过一次，请不到的实以此为始），只好发电一问以慰其心。你们知道家中系念游子，每月各人总来一信便好了。

我一个月来旧病发得颇厉害，约摸四十余天没有停止。原因在学校暑期前批阅学生成绩太劳，王静安事变又未免大受刺激。到津后刻意养息，一星期来真是饱食终日无所用心。这两天渐渐转过来了。好在下半年十有九不再到清华，趁此大大休息年把，亦是佳事。

我本想暑期中作些政论文章，赛季常、丁在君、林宰平大大反对，说只有“知其不可而为之”，没有“知其不可而言之”。他们的话也甚有理，我决意作纯粹的休息。每天除写写字、读读文学书外，更不作他事。如此数月，包管旧病可全愈。

十五舅现常居天津（我替他在银行里找得百元的差事，他在储才馆可以不到），隔天或每天来打几圈牌，倒也快活。

我若到必须避地国外时，与其到日本，宁可到坎拿大。我若来坎时，打算把王姨和老白鼻都带来，或者竟全眷俱往，你们看怎么样？因为若在坎赁屋住，多三几人吃饭差不了多少，所差不过来往盘费罢了。麦机利教授我也愿意当，但唯一的条件，须添聘思永当助教（翻译）。希哲不妨斟酌情形，向该校示意。

以现在局势论，若南京派得势，当然无避地之必要；若武汉派得势，不独我要避地，京津间无论何人都不能安居了。以常理论，武汉派似无成功之可能。然中国现情，多不可以常理测度，所以不能不作种种准备。

广东现在倒比较安宁些（**此处有删节**），那边当局倒还狠买我的面子。两个月前新会各乡受军队骚扰，勒缴乡团枪支，到处拿人，茶坑亦拿去四十几人，你四叔也在内（**你四叔近来狠好，大改变了**）。乡人函电求救，情词哀切，我无法，只好托人写一封信去，以为断未必发生效力，不过稍尽人事罢了，谁知那信一到，便全体释放（**邻乡皆不如是**），枪支也发还，且托人来道歉。我倒不知他们对于我何故如此敬重，亦算奇事了。若京津间有大变动时，拟请七叔奉细婆仍回乡居住，倒比在京放心些。

前月汇去美金五千元，想早收到。现在将中国银行股票五折出卖（**买时本用四折，中交票领七八年利息，并不吃亏**），卖去二百股得一万元，日内更由你二叔处再凑足美金五千元汇去，想与这信前后收到。有一万美金，托希哲代为经营，以后思庄学费或者可不消我再管了。

天津租界地价渐渐恢复转来，新房子有人要买。我索价四万五千，若还到四万，打算也出脱了，便一并汇给你们代理。

忠忠劝我卫生的那封六张纸的长信，半月前收到了。好啰唆的孩子，管爷管娘的，比先生管学生还严，讨厌讨厌。但我已领受你的孝心，一星期来已实行八九了。我的病本来是“无理由”，而且无妨碍的，因为我大大小小事都不瞒你们，所以随时将情形告诉你们一声，你们若常常啰唆我，我便不说实话，免得你们担心了。

夜深了，下次再谈。

六月十五晚　爹爹

老白鼻已复原，天天自己造新歌来唱，有趣得狠。

暑期中替达达们聘得一位先生，专教国文，其人系研究院高材生。

与顺儿书

决俟秋凉后，乃着手工作

[1927年6月23日]

顺儿：

一星期前由二叔处寄去美金五千想收，今再将副票寄上。

十九日接思永信，言决廿一日离美返国，因京津间形势剧变，故即发电阻止。

思永此次行止屡变，皆我所致，然亦缘时局太难捉摸耳。我现在作暑期后不复入京之计画，又打算非到万不得已时不避地国外，似此倒觉极安适。

旬日实行休息，病又将痊愈（佳象为近三个月所无），近虽著述之兴渐动，然仍极力节制，决俟秋凉后，乃着手工作。

顷十五舅在津，每日来家晚饭，饭后率打牌四圈至八圈，饭菜都是王姨亲做（老吴当二把刀）。达达等三人聘得一位先生专教国文，读得十二分起劲。据他们说读一日，比在校中读三四日得益更多也。那先生一面当学生，也高兴到了不得。

六月廿三日　爹爹

老白鼻这几天的新诗一首，代写出：我有两个名字，一个叫老白鼻，一个叫梁思礼。

他专做韵文，隔几天便换一首，也没有人教他，他总是在那里哼哼。

与顺儿书

与我的性格太不相容了

[1927年7月3日]

顺儿：

这几天热的狠，楼上书房简直不能坐，我每天在大客厅铺张藤床，看看书，睡睡午觉，十五舅来打打牌，就过一天，真是饱食终日（胃口大好，饭量增加半碗），无所用心。**却也奇怪，大半年来的病好的清清楚楚了，和去年忠忠动身后那个把月一样。这样看来，这病岂不是“老太爷病”吗？要享清福的人才配害的，与我的性格太不相容了。**但是倘使能这样子几个月便断根，那么牺牲半年或大半年的工作，我也愿意的。

我现在对于北京各事尽行辞却，因为既立意不到京，决不肯拿干薪，受人指摘，自己良心更加不安。北京图书馆不准我辞，我力请的结果，已准请假，派静生代理（薪水当然归静生，我决不受）。储才馆现尚未摆脱，但尽一月内非摆脱不可，清华也还摆脱不了，或者改用函授，亦勉强不辞。独有国立京师图书馆，因前有垫款关系，此次美庚款委员会以我在馆长职为条件，乃肯接济，故暂且不辞。几件事里头，以储才馆最为痛心。我费半年精神下去，成绩真不坏，若容我将此班办到卒业，必能为司法界立一狠好的基础，现在只算白费心力了。北京图书馆有静生接手，倒是一样。清华姑且摆在那里再说。我这样将身子一抖，自己倒没有甚么（不过每月少去千把几百块钱收入），却苦了多少亲戚朋友们了。二叔、七叔咧、十五舅咧、赵表叔咧、廷灿咧、黑二爷咧，都要受影响（二叔中国银行事还在，倒没有甚么，但怕也不能长久。十五舅现在只有交通银行百元了），但也顾不得许多了。其实为我自己身子计，虽没有时局的变迁，也是少揽些事才好。所以王姨见我摆脱这些事，却大大高兴，谅来你们也同一心理。

前几天写一封信，阁了许多天未寄，陆续接到六月一日、九日两封长信，知第一次之五千元已收到了……第二次由二叔处汇去美金五千，想又收到。希哲意先求稳当，最好以希哲的才干经理这点小事，一定千妥万妥的。你也不必月月有报告，你全权管理着就是了。我还想将家里点点财产，陆续处分处分，得多少都交你们替我经营去。

七月三日　爹爹

与庄庄书

你应该自己体察做主，不必泥定爹爹的话

[1927年8月5日]

庄庄：

听见你二哥说你不大喜欢学生物学，既已如此，为什么不早

同我说。凡学问最好是因自己性之所近，往往事半功倍，你离开我狠久，你的思想近来发展方向我不知道，我所推荐的学科未必合你的式（凡学问没有那样不是好合自己式，和自己意兴最相近者，便是最好）你应该自己体察做主，用姊姊哥哥当顾问，不必泥定爹爹的话，但是新学期若已经选定生物学，当然也不好再变，只得勉强努力而已，我狠怕因为我的话扰乱了你的治学针路，所以赶紧寄这封信。

八月五日　爹爹

与孩子们书

我自觉这种生活是极可爱的，极有价值的

[1927年8月29日]

孩子们：

一个多月没有写信，只怕把你们急坏了。

不写信的理由狠简单，因为向来给你们的信都在晚上写的。今年热得要命，加以蚊子的群众运动比武汉民党还要厉害，晚上不是在院子外头，就是在帐子里头，简直五六十晚没有挨着书桌子，自然没有写信的机会了，加以思永回来后，谅来他去信不少，我越发落得躲懒了。

关于忠忠学业的事情，我新近去过一封电，又思永有两封信详细商量，想早已收到。我的主张是叫他在威士康逊把政治学告一段落，再回到本国学陆军。因为美国决非学陆军之地，而且在军界活

动，非在本国有些“同学系”的关系不可以，以“打人学校”决不要进。至于国内何校最好，我在这一年内切实替你调查预备便是。

思成再留美一年，转学欧洲一年，然后归来最好。关于思成学业，我有点意见。思成所学太专门了，**我愿意你趁毕业后一两年，分出点光阴多学些常识，尤其是文学或人文科学中之某部门，稍微多用点工夫。我怕你因所学太专门之故，把生活也弄成近于单调，太单调的生活，容易厌倦，厌倦即为苦恼，乃至堕落之根源。再者，一个人想要交友取益，或读书取益，也要方面稍多，才有接谈交换，或开卷引进的机会。**不独朋友而已，即如在家庭里头，像你有我这样一位爹爹，也属人生难逢的幸福，若你的学问兴味太过单调，将来也会和我相对词竭，不能领着我的教训，你全生活中本来应享的乐趣，也削减不少了。我是学问趣味方面极多的人，我之所以不能专积有成者在此，然而我的生活内容，异常丰富，能够永久保持不厌不倦的精神，亦未始不在此。我每历若干时候，趣味转过新方面，便觉得像换个新生命，如朝旭升天，如新荷出水，我自觉这种生活是极可爱的，极有价值的。我虽不愿你们学我那泛滥无归的短处，但最少也想你们参采我那烂漫向荣的长处。

（这封信你们留着，也算我自作的小像赞。）

我这两年来对于我的思成，不知何故常常像有异兆的感觉，怕他渐渐会走入孤峭冷僻一路去。我希望你回来见我时，还我一个三四年前活泼有春气的孩子，我就心满意足了。这种境界，固然关系人格修养之全部，但学业上之熏染陶熔，影响亦非小。因为我们做学问的人，学业便占却全生活之主要部分。学业内容之充实扩

大，与生命内容之充实扩大成正比例。所以我想医你的病，或预防你的病，不能不注意及此。这些话许久要和你讲，因为你没有毕业以前，要注重你的专门，不愿你分心，现在机会到了，不能不慎重和你说。你看了这信，意见如何（徽音意思如何）？无论校课如何忙迫，是必要回我一封稍长的信，令我安心。

你常常头痛，也是令我不能放心的一件事，你生来体气不如弟妹们强壮，自己便当自己格外撙节补救，若用力过猛，把将来一身健康的幸福削减去，这是何等不上算的事呀。前在费校功课太重，也是无法，今年转校之后，务须稍变态度。**我国古来先哲教人做学问方法，最重优游涵饮，使自得之。这句话以我几十年之经谂结果，越看越觉得这话亲切有味。凡做学问总要"猛火熬"和"慢火炖"两种工作，循环交互着用去。在慢火炖的时候才能令所熬的起消化作用融洽而实有诸己。思成，你已经熬过三年了，这一年正该用炖的工夫。不独于你身子有益，即为你的学业计，亦非如此不能得益。你务要听爹爹苦口良言。**

庄庄在极难升级的大学中居然升级了，从年龄上你们姊妹弟兄们比较，你算是最早一个大学二年级生，你想爹爹听着多么欢喜。你今年还是普通科大学生，明年便要选定专门了，你现在打算选择没有？我想你们弟兄姊妹，到今还没有一个学自然科学，狠是我们家里的憾事，不知道你性情到底近这方面不？我狠想你以生物学为主科，因为它是现代最进步的自然科学，而且为哲学社会学之主要基础，极有趣而不须粗重的工作，于女孩子极为合宜，学回来后本国的生物随在可以采集试验，容易有新发明。截

到今日止，中国女子还没有人学这门（男子也很少），你来做一个“先登者”不好吗？还有一样，因为这门学问与一切人文科学有密切关系，你学成回来可以做爹爹一个大帮手，我将来许多著作，还要请你做顾问哩！不好吗？你自己若觉得性情还近，那么就选他，还选一两样和他有密切联络的学科以为辅。你们学校若有这门的好教授，便留校，否则在美国选一个最好的学校转去，姊姊哥哥们当然会替你调查妥善，你自己想想定主意罢。

专门科学之外，还要选一两样关于自己娱乐的学问，如音乐、文学、美术等。据你三哥说，你近来看文学书不少，甚好甚好。你本来有些音乐天才，能够用点功，叫他发荣滋长最好。

姊姊来信说你因用功太过，不时有些病。你身子还好，我倒不十分担心，但做学问原不必太求猛进，像装罐头样子，塞得太多太急，不见得便会受益。我方才教训你二哥，说“优游涵饮，使自得之”，那两句话，你还要记着受用才好。

你想家想极了，这本难怪，但日子过得极快，你看你三哥转眼已经回来了，再过三年你便变成一个学者回来帮着爹爹工作，多么快活呀！

思顺报告营业情形的信已到。以区区资本而获利如此其丰，实出意外，希哲不知费多少心血了。但他是一位闲不得的人，谅来不以为劳苦。永年保险押借款剩余之部及陆续归还之部，拟随时汇到你们那里经营。永年保险明年秋间便满期。现在借款认息八厘，打算索性不还他，到明年照扣便了。又国内股票公债等，如可出脱者（只要有人买），打算都卖去，欲再凑美金万元交你

们（只怕不容易）。因为国内经济界全体破产即在目前，旧物只怕都成废纸了。

我们爷儿俩常打心电，真是奇怪。给他们生日礼一事，我两月前已经和王姨谈过，写信时要说的话太多，竟忘记写去，谁知你又想起来了。耶稣诞我却从未想起，现在可依你来信办理，几个学生都照给他们压岁钱、生日礼、耶稣诞各二十元，桂儿姊弟压岁耶稣诞各十元，你们两夫妇却只给压岁钞，别的都不给了。你们不说爹爹偏心吗？

我数日前因闹肚子，带着发热，闹了好几天，旧病也跟着发得厉害。新病好了之后，唐天如替我制一药膏，方服了三天，旧病又好去大半了。现在天气已凉，人极舒服。

这几天几位万木草堂老同学韩树园、徐君勉、伍宪子都来这里共商南海先生身后事宜，他家里真是一塌糊涂，没有办法。最糟的是他一位女婿（三姑爷）。南海生时已经种种捣鬼，连偷带骗。南海现在负债六七万，至少有一半算是欠他的（他串同他人来盘剥）。现在还是他在那里把持，二姨太是三小姐的生母，现在当家，惟女儿女婿之言是听，外人有什么办法。君勉任劳任怨想要整顿一下，便有“干涉内政”的谤言，只好置之不理。他那两位世兄，和思忠、思庄同庚，现在还是一点事不懂（远不及达达、司马懿），活是两个傻大少（人尚不坏，但是饭桶，将来亦怕变坏）。还有两位在家的小姐，将来不知被那三姑爷摆弄到什么结果，比起我们的周姑爷和你们弟兄姊妹，真成了两极端了。我真不解，像南海先生这样一个人，为什么全不会管教儿女，弄成这样局面。我们共同商议的结果，除了刊刻遗书由我们门生负责外，盼望能筹些款，由我们保管着，等到他家私花尽（现在还有房屋、书籍、字画等所值不少），能够稍微接济那两位傻大少及可怜的小姐，算稍尽点心罢了。

思成结婚事，他们两人商量最好的办法，我无不赞成。在这三几个月，当先在国内举行庄重的聘礼，大约须在北京，林家由徽的姑丈们代行，等商量好再报告你们。

福曼来津住了几天，现在思永在京，他们当短不了时时见面。

达达们功课狠忙，但他们做得兴高采烈，都狠有进步。下半年都不进学校了，良庆（在南开中学当教员）给他们补些英文、算学，照此一年下去，也许抵得过学校里两年。

老白鼻越发好顽了。

爹爹　八月廿九日

两点钟了，不写了。

与孩子们书

要在起居饮食上调节，令其逐渐恢复平衡

[1927年10月11日]

孩子们：

我在协和住了十二日，现在又回到天津了。十二日的结果异

常之好，血压由百四五十度降到百零四度，小便也跟着清了许多。但医生声明不是吃药的功效，全由休息及饮食上调养得来，现回家已十日。生活和在医院差不多，病亦日见减轻。若照此半年下去，或许竟有复原之望。

思永天天向我唠叨，说我不肯将自己作病人看待。我因为体中并无不适处，如何能认做病人。这次协和详细检查，据称每日所失去之血，幸而新血尚能补上，故体子不致大吃亏。但每日所补者总差些微不足（例如失去百分，补上九十九分），积欠下去，便会衰弱，所以要在起居饮食上调节，令其逐渐恢复平衡。现在全依医生的话，每天工作时间极少，十点钟便上床，每晚总睡八小时以上，食物禁蛋白质，禁茶、咖啡等类（酒不必说绝不入口），半月以来日起有功了。

思永主张在清华养病，他娘娘反对。在清华的好处是就医方便，但这病既不靠医药，即起居饮食之调养，仍是天津方便得多，而且我到了清华后，节劳到底是不可能的。所以讨论结果，思永拗不过他娘娘。现在看来幸亏没有再搬入京，奉、晋开战后，京中人又纷纷搬家了。

思永原定本月四日起程考古，行装一切已置备，火车位已定妥了，奉、晋战事于其行期三日前爆发，他这回回国计画失败大半了（若早四五日去，虽是消息和此间隔绝，倒可以到他的目的地）。幸亏思忠没有回来。前所拟议的学校，现在都解散了。生当今日的中国，再没有半年以上的主意可打，真可痛心。

现在战事正在酣畅中，胜负何如，十日后当见分晓，但无论

何方胜，前途都不会有光明，奈何奈何！要说的话狠多，严守医生之训，分做两三次写罢。

双十节后一日　爹爹

有我写的字和余樾园写的画裱好了，寄给你们打扮打扮你们的小书房。

与孩子们书

独始终没有接到思成的，令我好生悬望

[1927年10月29日]

孩子们：

又像许久没有写信了，近一个月内连接顺、忠、庄好多信，独始终没有接到思成的，令我好生悬望。每逢你们三个人的信到时，总盼着一两天内该有思成的一封，但希望总是落空。今年已经过去十个月了，像仅得过思成两封信（最多三封），我最不放心的是他，偏是他老没有消息来安慰我一下，这两天又连得顺、忠的信了，不知三五天内可有成的影子来？

我自从出了协和，回到天津以来，每天在起居饮食上十二场注意，食品全由王姨亲手调理，睡眠总在八小时以上，心思当然不能绝对不用，但常常自己严加节制，大约每日写字时间最多，晚上总不做什么工作，“赤化”虽未能骤绝，但血压逐渐低下去，总算日起有功。

我给你们每人写了一幅字，写的都是近诗，还有余樾园给你们每人写一幅画，都是极得意之作。正裱好付邮，邮局硬要拆开看，认为贵重美术品要课重税，只好不寄，替你们留在家中再说罢。别有扇子六把（希哲、思顺、思成、徽音、忠忠、庄庄各一），已经画好，一两天内便写成，即当寄去。

思成已到哈佛没有？徽音又转学何校？至今未得消息，不胜怅望，你们既不愿意立即结婚，那么，总以暂行分住两地为好，不然生理精神上或者都会发生若干不良的影响，这虽是我远地的幻想，或不免有点过忧，但这种推理也许不错，你们细细测验一下，当与我同一感想。

我在这里正商量替你们行庄重的聘礼，已和卓君庸商定，大概他正去信福州征求徽音母亲的意见，一两星期内当有回信了，届时或思永、福曼的聘礼同时举行亦未定。

成、徽结婚的早晚我当然不干涉，但我总想你们回国之前先在欧洲住一年或数月，因为你们学此一科，不到欧洲实地开开眼界是要不得的，回国后再做欧游，谈何容易。所以除了归途顺道之外，没有别的机会，既然如此，则必须结婚后方上大西洋的船，殆为一定不易的办法了，我想明年暑假后，你们也应该去欧洲了，赶紧商议好等我替你们预备罢。

还有一段事实不能不告诉你们——若现在北京主权者不换人，你们婚礼是不能在京举行的，理由不必多说，你们一想便知，若换人时，恐怕也带着换青天白日旗，北京又非我们所能居了，所以北京恐怕到底不是你们结婚的地点。

忠忠到维校之后来两封信，都收到了。借此来磨练自己的德性，是最好不过的了，你有这种坚强志意真令我欢喜，纵使学科不甚完备，也是值得的，将来回国后，或再补入（国内）某个军官学校都可以。好在你年纪轻，机会多着呢。

你加入政治团体的问题，请你自己观察，择其合意者便加入罢。我现在虽没有直接作政治活动，但时势逼人，早晚怕免不了再替国家出一场大汗。现在的形势，我们起他一个名字，叫做“党前运动”——许多非国民党的团体要求拥戴领袖作大结合，（大概除了我，没有人能统一他们）。我认为时机不到，不能答应，但也不能听他们散漫无纪。现在办法，拟设一个虚总部（秘密的）——不直接活动而专任各团体之联络——大抵为团体（公开的），如美之各联邦，虚总部则如初期之费城政府，作极稀松的结合，将来各团事业发展后，随时增加其结合之程度。你或你的朋友也不妨自立一“邦”，和现在的各“邦”同时隶于虚总部之下，将来自会有施展之处。我现在只能给你这点暗示，你自己斟酌进行罢。

以上十月廿九日写

与孩子们书

昨日又得加拿大一大堆信，高兴得我半夜睡不着

[1927年10月31日—11月15日]

昨日又得加拿大一大堆信，高兴得我半夜睡不着，虽然思成

信还没有来，知道他渐渐恢复活泼样子，我便高兴了。前次和思永谈起，永说："爹爹尽可放心，我们弟兄姊妹都受了爹爹的遗传和教训，不会走到悲观沉郁一路去。"果然如此，我便快乐了。

寒假把成、徽两人提溜到阿图和顽几天，好极了。他们得大姊姊温暖，一度只怕效力比什么都大。

庄庄学生物学和化学，好极了。家里学自然科学的人太少，你可以做个带头马，我希望达达以下还有一两个走这条路，还希望烂名士将来也把名士气摆脱些，做个科学家。

思永出外挖地皮去，不成功。但现在事情也狠够他忙了。他所挂的头衔真不少——清华学校助教、古物陈列所审查员、故宫博物院（新改组）审查员——但都不领薪水（故宫或者有少些），他在清华整理西阴遗物，大约本礼拜可以完功，他现在每礼拜六到古物陈列所，过几天故宫改组后，开始办事，他或者有狠多的工作，他又要到监狱里测量人体，下月也开始工作，只怕要搬到城里住了。我出医院回津就没有看见他，过几天是他生日，要把他提溜回家顽一两天。

希哲替我经营，一切顺利，欣慰之至。一月以来，由二叔处寄汇两次，共三千美金，昨日又由天津兴业汇二千美金，想均收到。前后汇寄之款皆由变卖国内有价证券而来（一部分是保险单押出之款陆续归还者），计卖去中国银行股票面二万，七年长期票面万八千，余皆以半价卖出——但不算吃亏，因为几年前买入的价格都不过三折余，已经拿了多次利息了——国内百业凋残，一两年后，怕所有礼券都会成废纸，能卖出多少转到美洲去，也不至把将来饭碗全部摔破，今年内最多只能再寄美金一千，明年上半年保险满期，当可得一笔稍大之款，照希哲这样经营得三两年，将来吃饭当不至发生问题了。

以上十月三十一日写

这封信写了多天未成，又搁了多天未寄，意在等思成一封信，昨天等到了，高兴到了不得，要续写话又太多，恐怕更等下去，就把前头写的先寄吧。

昨天思永"长尾巴"，叫他回家顽三两天，越发没有工夫写信了。你们千万别要盼我多信，因为我寄你们的信都是晚上写的，我不熬夜便没有信了，你们看见爹爹少信，便知爹爹着实是养病了。

我这一个礼拜小便非常非常之好，简直和常人一样了。你们看见当大大高兴。

十一月十五日　爹爹

与孩子们书

你们个个都是拿爹爹当宝贝，我是狠知道的

[1927年11月23日—12月5日]

孩子们：

有顶好消息报告你们：我自出了协和以来，真养得大好而特

好，一点药都没有吃，只是如思顺来信所说，拿家里当医院，王姨当看护，严格的从起居饮食上调养。一个月以来"赤化"像已根本扑灭了，脸色一天比一天好，体子亦胖了些。这回算是思永做总司令，王姨执行他的方略，若真能将宿病从此断根，他这回回家，总算尽代表你们的职守了。我半月前因病已好，想回清华，被他听见消息，来封长信说了一大车唠叨话，现在暂且中止了。虽然著述之兴大动，也只好暂行按住。

思顺这次来信，苦口相劝，说每次写信便流泪。你们个个都是拿爹爹当宝贝，我是狠知道的，岂有拿你们的话当耳边风的道理。但两年以来，我一面觉得这病不要紧，一面觉得他无法可医，所以索性不理会他，今既证明有法可医，那么我有什么不能忍耐呢？你们放下十二个心罢。

却是因为我在家养病，引出清华一段风潮，至今未告结束。依思永最初的主张，本来劝我把北京所有的职务都辞掉，后来他住在清华，眼看着惟有清华一时还摆脱不得，所以暂行留着。秋季开学，我到校住数天，将本年应做的事，大约定出规模，便到医院去。原是各方面十分相安的，不料我出院后几天，外交部有改组董事会之举，并且章程上规定校长由董事中互选，内中头一位董事就聘了我，当部里征求我同意时，我原以不任校长为条件才应允（虽然王荫泰对我的条件没有明白答复认可）。不料曹云祥怕我抢他的位子，便暗中运动教职员反对，结果只有教员朱某一人附和他。我听见这种消息，便立刻离职，他也不知道，又想逼我并清华教授也辞去，好同清华断绝关系，于是由朱某运动一新来之研究院学生（年轻受骗）上一封（匿名）书说，院中教员旷职，请求易人。老曹便将那怪信油印出来寄给我，讽示我自动辞职。不料事为全体学生所闻，大动公愤，向那写匿名信的新生责问，于是种种卑劣阴谋尽行吐露，学生全体跑到天津求我万勿辞职（并勿辞董事），恰好那时老曹的信正到来，我只好顺学生公意，声明绝不自动辞教授，但董事辞函却已发出，学生们又跑去外交部请求，勿许我辞。他们未到前，王外长的挽留函也早发出了。他们请求外部撤换校长及朱某，外部正在派员查办中，大约数日后将有揭晓。这类事情，我只觉得小人可怜可叹，绝不因此动气。而且外部挽留董事时，我复函虽允诺，但仍郑重声明以不任校长为条件，所以我也断不至因这种事情再惹麻烦，姑且当作新闻告诉你一笑罢。

我近来最高兴的是得着思成长信，知道你的确还是从前那活泼有春气的孩子，又知道身体健康也稍回复了——但因信中有“到哈佛后已不头痛”那句话，益证明我从前的担心并非神经过敏了。你若要我绝对放心，务要在寒假内找医生精密检查，看是否犯了神经衰弱的病，若有一点不妥，非把它根本治好不可！你这样小小年纪，若得了一种痼疾，不独将来不能替国家社会做事，而且自己及全家庭都受苦痛。这件事我交给思顺替我监督着办，三个月后我定要一张医生诊断书看着才放心的。

思成的《中国宫室史》当然是一件大事业，而且极有成功的可能，但非到各处实地游历不可——大抵内地各名山、唐宋以来建筑物全都留存的尚不少，前乎此者也有若干痕迹——但现在国

内情形真是一步不可行，不知何时才能有这种游历机会。思永这回种种计划都成泡影，恐以后只有更坏，不会往好处看，你回来后恐怕只能在北京城圈内外做工作，好在这种工作也够你做一两年了。

十二点过了，王姨干涉了好几次了，明天再写吧。

以上十一月廿三日

你来信说武梁祠堂，那不过是美术史上重要资料罢了。建筑上像不会看出什么旧型，你着手研究后所得如何，只怕失望罢。

若亲到嘉祥县去实地用科学方法调查废址，也许有所得。

以上仍是廿三日

你们回国后职业问题大不容易解决，现在那里有人敢修房子呢，学校教授也非易，全国学校除北京外，几乎都关门了，但没法之中也许还是在当教书匠上想法，那么教的什么东西，不能不稍预备，我想你们在西洋美术史上多下一点工夫，何如？

我想你们这一辈青年，恐怕要有十来年——或者更长，要捱极艰难困苦的境遇，过此以往却不是无事业可做，但要看你对付得过这十几二十年风浪不能？你们现在就要有这种彻底觉悟，把自己的身体和精神十二分注意锻炼、修养，预备着将来广受孟子所谓“苦其心志，劳其筋骨，饿其体肤，空乏其身，行拂乱其所为”者，我对于思成身子常常放心不下，就是为此。

以上仍廿三晚写，写到此被王姨捉去了

思成开美术书单甚好，一年内外北京图书馆只能以万元（华币）购美术书，最好在此数目范围内开单，你若能代买更好（书单来后便寄款），便把款汇给你。我现虽然辞去馆长职，但馆中事还常常问我主意。

以上廿四日写

这封信写了前头那几张，一搁又搁下十二天了，这没有什么奇怪，因为王姨不许我晚上执笔。你们猜我晚上做什么事呢？每天吃完晚饭总是和达达、司马懿“过桥”一点钟（十五舅凑脚，他每天总输两三角钱），他们上课后（八点钟上夜课），再和十五舅、王姨打“三人麻雀”一点钟，约摸十点多便捉去睡觉，但还是睡不着的时候多，因为有许多心事（不外政治问题或学问问题，也常常想起你们）在床上便想起，大抵十天中有两三天倒床便睡着，仍有七八天辗转反侧或到狠夜深也不定。但每天总睡足八个钟头，早睡着便早起，晚睡着便晚起。所以身子保养得异常之好，一个月以来“赤焰”几乎全熄了。

这回写信真高兴，因为接连得着思成两封长信，头一封还没有详细回答，第二封（今天到）又来了。这几天常常在我脑子里转的就是思成们结婚问题。结婚当然是回国后才办最好，这是不消说的。在徽音固然他娘娘只有他一个，应该在跟前郑重举行。即以思成论，虽然姊妹弟兄狠多，但你是长子，我还不是十二分不愿意，如此盛典不在我跟前看着办吗？前几天我替南开大学一

位教授（研究院毕业生）主婚，他们夫妇都是云南人，没有一个亲属在此。我便充当两边的家长，狠觉得他们冷清清的，同时想起我的思成，若在美结婚，只怕还赶不上他们热闹哩！心里老大不自在。但是为你们学业计，非到欧洲一游不可。回国后想在较近期间内再出去，实属千难万难。这种机会如何可以错过呢？你今天来信说的，徽音从太平洋先归省亲，虽然未尝不可，但徽音虽曾到过欧洲，经过这几年学业后，观察眼光当然与前不同，不去再看一趟到底是可惜。况且两个人同游同看，彼此观摩，当然所得益处比一个人独游好得多。这种利益不消我多说，你们当然都会想到了。还有一层，你们虽然回国结婚，结婚礼也狠难在北京举行，因为林家一时不会全眷移回北京，然则回来后，不是在天津办就是在福州办，还不是总不能十分圆满吗？所以，我替你们打算，还是在美办的好，徽音乖孩子采纳我的主张罢（林家长亲完全和我同一主张，想也有信去了）。

我替你们出主意，最好是在阿图和办——婚礼即在那边最大的礼拜堂里举行。林叔叔本是基督教信徒，我虽不喜教会，但对于基督当然是崇拜的。既然对于宗教没有什么界限，而又当中国婚礼没有什么满意的仪式的时候，你们用庄严的基教婚仪有何不可呢？一面希哲夫妇用“中国之家代表”的资格参列，再请上该地方官长和各国外交官来观礼也，狠够隆重的了。你们若定了采用这办法，可先把日期择定，即刻写信回来（或怕赶不上则电告），到那天我和徽音的娘当各有电报给你们贺喜并训勉，岂不是已经相当的热闹和郑重了吗？

有一件事要告诉你们：你们若在教堂行礼，思成的名字便用我的全名，用外国习惯叫做“思成·梁启超”，表示你以长子资格继承我全部的人格和名誉。

你的腿能够跪拜否？若能，则结婚后第二天新夫妇同到领事馆向两家祖宗及父母双双遥拜，若不能屈膝，则双双鞠躬亦得，总之行最敬礼便是了。

婚礼只要庄严，不要奢靡，不独在外国如是，即回本国举行也不过如是，相当的衣服首饰，姊姊当然会斟酌着办。

我这几天正在忙着和你们行聘礼，大约定期在本月十八日——若聘物预备未齐，则改迟三两日，我们请的大宾是林宰平先生，林家请的大约是江翊云先生或陈仲恕先生，我们的主要聘仪是玉珮，可以佩在项间者，其佩以翡翠一方，碧犀（红色）一方，缀以小金环联结而成，约费四百元左右，系由陈仲恕先生和你二叔商量购制。我尚未看见，据来信说是美丽极了。林家的聘仪是玉印一方，也有翡翠，听说好极了。又据说该玉印原有两方，我不好意思请林家全买，打算我们把那一方也买来添上去。庚帖是两家公请卓君庸先生写。因为他堂上具庆夫妇齐眉，字又写得极好，合适极了。聘礼行过后，我便请林家将双方聘物一齐汇寄到坎领事馆，要赶上你们婚期。庚帖便在两家家长处，等你们回来才敬谨收藏。

你们结婚后的行程，我也大略一想，在坎住数日后即渡欧，归途从西伯利亚路先回天津谒祖，我们家郑重请一次客，在津住一个月内外，思成便送徽音回福州谒祖，在福州住一个月内外，徽音

若想在家多住些日子，思成便先回津跟着我做学问及其他事业。

我现在有一个小计画，只要天津租界还可以安居（大约可以）时，等思成回来，立刻把房子翻盖，重新造一所称心合意的房子，为我读书娱老之用。将新房子卖出，大约可值四万五乃至五万，日内拟便托仪品公司代卖，卖去时将来全部作为翻盖新房用，先将该款寄坎，托希哲经营，若能多得些盈利更好，总而言之，这部分款项全交思成支配，专充此项之用。思成，你先留心打个腹稿，一回来便试验你的新学问吧！

思成职业问题，一时还没有什么把握，但也不必多忧虑。好在用不着你们养家，你们这新立的小家庭极简单，只要徽音愿意在家里住，尽可以三几年内不用分居（王姨是极好处的，你们都知道），在南开当一教授，功课担任轻些，每月得百把块钱做零用，用大部分光阴在家里跟着我做几年学问，等时局平静后学问也大成了，再谋独立治生机会也多着哩。

思永每次回家和我谈谈学问，都极有趣。我想再过几年，你们都回来，我们不必外求，将就家里人每星期开一次“学术讨论会”，已经不知多快乐了。

十一点了，王姨要来干涉了，快写，快写。

你们猜思永干什么？他现在住在监狱里！却是每礼拜要进皇宫三次或两次！你们猜他干吗？好了不写了。

许多别的话要讲，留待下次罢。先把这十几张纸付邮，不然又要耽搁多少天了。

爹爹　十二月五日

卷六

[1927.12.12-1928.10.17]

与孩子们书

今将告庙文写寄，可由思成保藏之作纪念

[1927年12月12日]

孩子们：

这几天家里忙着为思成行文定礼，已定本月十八日（阳历）在京寓举行（日子是王姨托人择定的。我们虽不迷信，姑且领受他一片好意）。因婚礼十有八九是在美举行，所以此次文定礼特别庄严郑重些。晨起谒祖告聘，男女两家皆用全帖偏拜长亲，午间宴大宾，晚间家族欢宴。我本拟是日入京，但（一）因京中近日风潮正恶，（二）因养病正见效，入京数日，起居饮食不能如法，恐或再发旧病，故二叔及王姨皆极力主张我勿往，一切由二叔代为执行，也是一样的。今将告庙文写寄，可由思成保藏之作纪念。

聘物我家用玉珮两方，一红一绿，林家初时拟用一玉印，后闻我家用双珮，他家也用双印，但因刻玉好手难得，故暂且不刻，完其太璞。礼毕拟将两家聘物汇寄坎京，备结婚时佩带，惟物品太贵重，深恐失落，届时当与邮局及海关交涉，看能否确实担保，若不能，即仍留两家家长处，结婚后归来，乃授予宝存。

在美婚礼，我远隔不能遥断，但主张用外国最庄严之仪式，可由希哲、思顺帮同斟酌，拟订告我。惟日期最盼早定，预先来信告知，是日仍当在家里行谒祖礼，又当用电报往贺也。

婚礼所需，思顺当能筹画，应用多少可由思顺全权办理。另有三千元（华币），我在三年前拟补助徽音学费者，徽来信请暂勿拨付，留待归途游欧之用，今可照拨。若“捣把”有余利，当然不成问题，否则在资本内动用若干，亦无妨，因此乃原定之必要费也。

思成请学校给以留欧费一事，现曹校长正和我闹意见，不便向他说项（前星期外部派员到校查办风潮起因，极严厉，大约数日内便见分晓），好在校长问题不久便当解决，曹去后大约由梅教务长代理，届时当为设法。

我的病本来已经痊愈了二十多天，便色与常人无异，惟最近一星期因做了几篇文章（实在是万不能不做的，但不应该连着做罢了），又渐渐有复发的形势，如此甚属讨厌，若完全叫我过“老太爷的生活”，我岂不成了废人吗？我精神上实在不能受此等痛苦。

晚饭后打完了“三人六圈”的麻雀，时候尚狠早，抽空写这封信，尚有许多话要说，被王姨干涉，改天再写罢。

十二月十二日　爹爹

庄庄：那位前辈同学的信收到了，我自己实在开不出书单来，已转托清华一位教授代开，等他回信时便寄上。

与思顺书

你几十年来常常给我精神上无限的安慰喜悦

[1927年12月13日]

思顺：

十一月份营业报告收到，希哲真能干，怎么几个月工夫已经弄到加倍以上的利（还除了庄庄一笔学费等等不计）。照这样下去，若资本丰富一点，经营三两年岂不成了富翁吗？我现在极力撙节，陆续还寄些去。若趁希哲在外的机会，弄到美金五万，寄回来便是十万，我真可以不必更卖气力找饭吃，家里经济问题完全解决了。

保险单明年七月便满期，保的是三万元，但十五年间所纳费已在三万七八千元内外，若只得三万，岂非我们白亏了七八千元，还有复息不在内，这不太吃亏吗？不知保险公司章程何如，若只有三万，则除去借款一万五千并利息外，明年所收不过一万二千余了。该公司总部设在加拿大，保险单也押存在总公司。若期满后辗转赎回，乃能领款，又须经几个月。我想和公司交涉，一满期便将该款在坎京拨交希哲收。请希哲日内便与总公司交涉，应需何等手续，半年内可以办妥也，省得许多事。

思成、徽音婚礼及游欧费所需只好请希哲努力变把戏，变些出来，若利息所入不敷，即动些资本亦无不可，有三千华币给徽音，合以思成在学校所领或亦已勉强够用罢，我知道他们是不会乱花钱的，你斟酌着不可令他们太刻苦便是。

你自己的生计怎么样？月月赔垫这些钱都是从那里出？从前的积

蓄究竟赔去多少？你下次来信把大概情形告诉我，令我安心一点罢。

你再过三四年才回家绝不要紧，一个月内总有一两封信也和见面差不多，我的体气底子本来极强，这点小病算什么！况且我已经绝对采用你们的劝告，把养病当一件大事了，你们还有什么不放心呢！

你虽是受父母特别的爱（其实也不算特别，我近来爱弟妹们也并不下于爱你），但你的报答也算狠够了。妈妈几次的病，都是你一个人服侍，最后半年多衣不解带的送妈妈寿终正寝。对于我呢，你几十年来常常给我精神上无限的安慰喜悦，这几年来把几个弟弟妹妹交给你，省我多少操劳，最近更把家里经济基础由你们夫妇手确立，这样女孩儿，真是比别人家男孩还得力十倍。你自己所尽的道德责任，也可以令你精神上常常得无限愉快了。所以我劝你不必思家着急，趁这在外的机会，把桂儿、瞻儿的学业打个深厚的基础。只要私人生计勉强维持得下去，外交部又不调动你们，你便索性等到我六十岁时才回来祝寿，也不迟哩。

你们在坎虽清苦，但为桂儿姊弟计，比在斐律宾强多了。第一是养成节俭吃苦的习惯；第二是大陆的教育，到底比殖民地好得多。至于所做帮助我们家里的种种工作，其利益更是计算不出来了。据此说来，狠该感谢王正廷的玉成，你们同意吗？

近来著述之兴大动，今晚本又想执笔，被王姨捣乱干涉，只好和你闲谈开开心，便去睡觉。

十二月十三日　爹爹

这些零零碎碎写了好多天了，若不寄出，又不知要耽搁几

时，许多许多要说的话下次再谈吧！

十二月廿一日

前三个礼拜内，兴业汇去二千美金想已收，昨日又续汇去一千，大概以后半年未必有力再汇了。

廿一日

中原公司你们认股四百元已交去。

廿一日

与思成书

这几天为你们聘礼，我精神上非常愉快

[1927年12月18日]

思成：

这几天为你们聘礼，我精神上非常愉快，你想从抱在怀里"小不点点"，一个孩子盘到成人（还经过千灾百难的），品性学问都还算有出息，眼看着就要缔结美满的婚姻，而且不久就要返国，回到我的怀里，如何不高兴呢？今天北京家里典礼极庄严热闹，天津也相当的小小点缀，我和弟弟妹妹们极快乐的顽了半天。想起你妈妈不能小待数年，看见今日，不免起些伤感，但他脱离尘恼，在彼岸上一定是含笑的。除在北京由二叔正式告庙外（思永在京跟着二叔招呼一切），今晨已命达达专在神位前默祷达此诚意。

我主张你们在坎京行礼，你们意思如何？我想没有比这样再好的了。你们在美国两个小孩子自己实张罗不来，且总觉太草率，有姊姊代你们请些客，还在中国官署内行谒祖礼（婚礼还是教堂内好），才庄严像个体统。

婚礼只要庄严不要侈靡，衣服手饰之类，只要相当过得去便够，一切都等回家再行补办，宁可撙节下点钱作旅行费。

你们由欧归国行程，我也盘算到了。头一件我反对由西伯利亚路回来，因为野蛮残破的俄国，没有什么可看，而且入境出境，都有种种意外危险（到满洲里车站总有无数麻烦），你们最主要目的是游南欧，从南欧折回俄京搭火车也太不经济，想省钱也许要多花钱。我替你们打算，到英国后折往瑞典、挪威一行，因北欧极有特色，市政亦极严整有新意（新造之市，建筑上最有意匠者为南美诸国，可惜力量不能供此游，次则北欧特可观），必须一往。由是入德国，除几个古都市外，莱茵河畔著名堡垒最好能参观一二，回头折入瑞士看些天然之美，再入意大利，多耽搁些日子，把文艺复兴时代的美，彻底研究了解。最后便回到法国，在玛赛上船（到西班牙也好，刘子楷在那里当公使，招呼极方便，中世及近世初期的欧洲文化实以西班牙为中心）。中间最好能腾出点时间和金钱到土耳其一行，看看回教的建筑和美术，附带着（替我）看看土耳其革命后政治〔关于这一点，最好能调查得一两部极简明的书（英文的）回来讲给我听听〕。

思永明年回美，我已决定叫他从欧洲走（但是许走西伯利亚路，因为去比来的危难较少），最好你们哥儿俩约定一个碰头地方，大约以使馆为通信处最便，你们只要大概预定某月到某国，届时思永到那边使馆找你们便是。

从印度洋回来，当然以先到福州为顺路，但我要求你们先回京津，后去福州。假使徽音在闽预定仅住一月半月，那自然无妨。但我忖度情理，除非他的母亲已回北京，否则徽一定愿意多住些日子，而且极应该多住，那么必须先回津，将应有典礼都行过之后，你才送去。你在那边住个把月便回来，留徽在娘家一年半载，则双方仁至义尽。关于这一点，谅来你们也都同意。

十二月十八日　爹爹

与顺儿书

你的健康和我的幸福关系大着哩

[1927年12月24日]

顺儿：

得前次书，已猜着几分你有喜信，这回连接两书知道的确了，我和王姨都极欢喜。王外长对我十二分恭敬，我倒不好意思为这点小事直接写信给他。他和吴柳隅极熟，今日已写一封极恳切的信给柳隅，看有办法没有，能有最好。**万一不能，就在营业款项上挪用些，万不可惜费，致令体子吃亏。须知你是我第一个宝贝，你的健康和我的幸福关系大着哩。好孩子，切须听爹爹的话。**

北方局面看着快要完了。希哲倒没有十分难处，外面使领馆狠多，随众人的态度为态度便是。你一时既不能上路，便安心暂

住那边，最多是到时把总领事头衔摔下，用私人资格住到能行时为止。这都是等临时定局。目下中国事情谁也不能有半年以上的计画，有也是白饶。

营利方针，本来是托希哲全权办理，我绝不过问的，既是对于分裂之股，你们俩人意见不同，那么就折中办理，留一半，售去一半，何如?

几日来颇想移家大连，将天津新旧房全都售去，在大连叫思成造一所理想的养老房子。那边尚有生意可做，我想希哲回来后，恐怕除了在大连开一个生意局面外，别的路没有可走，但这是一年后的话，现在先说说罢了。

思永明年回到哈佛，或者把庄庄交给他，你的行动便可以自由，这也是后话，那时再说。

范静生昨晨死去，可伤之至。他是大便失血太多，把身子弄虚弱了，偶得感冒小病，竟自送命。一年以来，我们师徒两人见面（我两次入协和时，他也在那里），彼此都谆劝保养。但静生凡事看不开，不会自寻娱乐，究竟算没有养到。半年来，我把图书馆事脱卸交给他，也是我对不住他的地方。他死了，图书馆问题又回到我身上，但我无论如何，只好摔下。别的且不说，那馆在北海琼华岛上，每日到馆要上九十三级石梯（现在事又渐繁，馆长非常到馆不可），就这一点我已断断乎受不住了。

这几次写信都没有工夫，特别和忠忠、庄庄两人说话，但每想起他们，总是欢喜的。

十二月廿四　爹爹

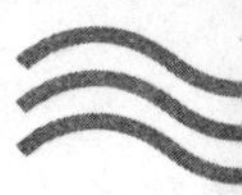

与思成书

我总要玉成你，才尽我的责任

[1928年2月12日]

思成：

得姊姊电，知你们定三月行婚礼，想是在阿图和吧。不久当有第二封信了（故宫委员事等第二电来再定办法）。

国币五千或美金三千可以给你，详信已告姊姊。**在这种年头，拨此较大之款，颇觉拮据，但这是你学问所关，我总要玉成你，才尽我的责任。除此间划拨那二千美金外，剩下一千，若姊姊处凑不出这数目，你们只好撙节着用，或少到一两处地方罢了。**我前几封信都主张你们从海道回国，反对走西伯利亚铁路，但是若为省钱计，我也无可无不可。若走西伯利亚，要先期告我，等我设法，令你们入境无阻滞。

你脚踏到欧陆之后，我盼望你每日有详细日记，将所看的东西留个印像（凡得意的东西都留他一张照片），可以回来供系统研究的资料。若日记能稍带文学的审美的性质，回来我替你校阅后，可以出版，也是公私两益之道。今寄去名片十数张，你到欧洲往访各使馆时，可带着。投我一片，问候他们，托其招呼，当较方便些。你在欧洲不能不借使馆作通信机关，否则你几个月内不会得着家里人只字了。

你到欧后，须格外多方寄些家信（明信片最好），令我知道你一路景况。此外还有许多话，叫思永告诉你，想已收到了。

二月十二日　爹爹

与孩子们书

趁今天过年时，和你们谈谈

[1928年2月13日]

孩子们：

我这封信叫思永写的，你们不要奇怪，为什么我自己不写，因为才从医院出来，要拿笔怕你们干涉，所以口讲叫思永写。又因为我就想著一本小书，口述叫思永写，现在练习试试。

你们这些孩子真是养得娇，三个礼拜不接到我的信就嘛嘴了，想外面留学生两三个月不接家信不算奇怪。我进医院有三个礼拜了，再不写信，你们又不知道怎样报怨了，所以趁今天过年时，和你们谈谈。

这回在医院里经过的情形，思永已报告过了。本来前四天已要退院，忽然有点发烧，被医生留着，昨天还是像前年达达那样要求医生放假出来过年，因为热度没有十分退，不过出来狠好，坐火车后热度反退了一度，一直到今天，人非常精神。这回住医院的结果，他们治疗的方针狠有点变更，专注重补血。自从灌了两回血之后，狠有功效，我最高兴的是他们不叫我吃素了，连鸡蛋都一天给我两个吃了。但是他们虽说蛋白质可吃，都劝不要吃太多，却是算来在家里所吃的肉品比在医院里还少，所以往后养病，对食品没有什么克苦，还照从前一样。

医生说工作是可以做的，不过要狠自由的，要放下就放下，

但是有固定的职务的事，是不相宜的，所以我决计把清华都辞脱了。以后那就依着医生的话，要做甚么工作，高兴一天做两三点钟，总之，极力从“学懒”的方面来做，虽然不甘心受这“老太爷的生活”，只好勉强一年几个月再说。

我想忠忠和庄庄两人要格外噘嘴，因为我前几封几乎完全讲关于思成的事，完全没有理会到他们。不过这封信还是从思成他们的事说起。

思成、徽音婚礼的事，定了没有？我希望还是依我前头几封信那样办，思成这回的信说是要五千国币或三千美金，我可以给他。前头寄去给思顺的钱，通共一万六千，现在把最末的一千提出来，剩下一万五千做资本就是了。过一两天我再寄一千美金去，共二千，还有一千就请希哲变把戏，谅来他总有本事可以变出来。关于庄庄今年的学费，不久我这边还可筹资本过去，大概两三个月内，或者再汇一二千添上资本去。到下半年保险费也来了，待到手之后，也要全部寄希哲经理的，谅来虽然现在提开二千美金，我看希哲有方法了得了罢。

思成这回去游欧洲，是你的学问上一部分狠重要的事业，所以我无论怎样困难，你们的游费总想供给得够才行。这回之后我做爹爹的义务就算尽完了。我想你到去的地方，除了美、德、法之外，是北部的瑞典、挪威，南部的西班牙、土耳其，只要能去，虽然勉强，我还是希望你到这几个地方看看，回来的时候，不要搭西伯利亚铁路，总是走印度洋的好。因为（由俄国来的）入境时青年男女极危险的，所以这笔钱是省不了的。你们细细

打听，做通盘预算，看要用多少钱。我想有了三千，再加清华一千，你们旅行中要过苦点的日子，或者可以够了。若是徽音家里，依着成的信，可以贴补点钱，那是更好了，就是不能，勉强这四千何如？实在不够时我再勉力，我看也未常不可以罢。

北京图书馆要买的书，我已叫他们把书单和支票赶紧寄加拿大总领事馆了，钱在伦敦银行才可以支。我想这些书大多在欧洲买，而且钱到时，你们已离美洲了，美洲的书不用买了。书单是三个人开来的，只是供你们参考，最后还是你自己决定。我的意思，以买美术基本常识的书为主，或者希见难得的书碰机会买些。总而言之，以买基本书为主，无论英、法、德等都可以。

希哲真能干，他若是依着思顺来的信，在那边三年，我们家里以后的生计问题都可以解决了。股份的去留都完全由他，无须写信来问，问了我也不清楚。

思顺，你现在有身的时候，要自己格外保养，因为前一回的时候，你妈妈可以跑去，现在你一个在外面，我同王姨都狠担心。你来信说希哲狠管你，我说狠该。你说老白鼻和你，爹爹是不会骂的，不过那老白鼻最怕爹“瞪眼”，你以后要不听希哲的话，他写信来告你时，我也要“瞪眼”哩！

庄庄，你胖到这样怎么了，我们现在都想象你的身圆溜溜的样子。前几天娘娘还给你寄些衣服去，你穿得穿不得？你现在功课比从前忙多了。过了暑假后，也渐渐格外专门，怕比从前更忙。你的体子本来还好，我也不十分担心，不过也要节制。每日要拿出几点钟来，每礼拜天拿出天把来玩玩，因为做学问，有点

休息，从容点，所得还会深点，所以你不要只埋头埋脑做去。

暑假后，你若想到美国去，三哥也已回去了，跟着你三哥也狠好，若是你觉得你们这学校狠好，不愿离开，或者你学校的先生们都愿你在那儿毕业，就在那儿读完也可以的。因为想来你姊姊一两年内不会离开加拿大。这样，你或留坎留美在那边开个家庭会议决定罢。

忠忠捱打想该捱完了罢？你到底预备在维校几年？我想你在威校学习政治，总要弄到毕业才好。维校完了之后，还回去威校一年，你的意思怎样？我不久就要出一本小册子，讲我政治上的主张，其中讲军事的也狠多，大概在暑假前后就可以出来，你看见之后一定加增许多勇气，还可以指导你一条路。你要的书，因为灿哥在北京的时候多，没有交他寄去，以后看见这些书时，给你寄去就是了。

好几年都是在外边过的“野年”，今年可算是在家过年，险些儿被医院扣留了。现在回到家狠高兴，孩子们（这边适半）得了压岁钱，十分高兴，不过过了几回桥，又给我得回来不少，还要赶绵羊，老白鼻做庄，输了钱，大声哭起来了。

桂儿，你的孟城好玩不好玩？老白鼻有一天问公公说：“我的干姑娘为什么用我做干爹？”（这是老白鼻自己的话）公公实在答不出来，你写封“安禀”来，详细的把理由告诉他罢。

瞻儿，我听说你在学校里，老把第一把交椅把着不肯让给别人，公公高兴得狠。你每天在学校里出来多顽会儿罢，不然以后真要变成书呆子了。

斐儿，我听说你会弹琴了。你快弹一个，用无线电打回来。公公这里有收音机，我同老白鼻也要听听。

爹爹（思永代笔） 正月二十二日

这封信虽然是我写的，却是里边的话几乎一个一个字都是爹爹说的，这就是记下来的诺尔德（Note)，懒得再抄一遍，请你们对付着看罢。

思永

与思成、徽音书

你们结婚后，我有两件新希望

[1928年4月26日]

思成、徽音：

我将近两个月没有写“孩子们”的信了，今最可以告慰你们的是，我的体子静养极有进步，半月前入协和灌血并检查，灌血后红血球竟增至四百二十万，和平常健康人一样了。你们远游中得此消息，一定高兴百倍。

思成和你们姊姊报告结婚情形的信，都收到了，一家的家嗣成此大礼，老人欣悦情怀可想而知。尤其令我喜欢者，我以素来偏爱女孩之人，今又添了一位法律上的女儿，其可爱与我原有的女儿们相等，真是我全生涯中极愉快的一件事。

你们结婚后，我有两件新希望：头一件你们俩体子都不甚

好，希望因生理变化作用，在将来健康上开一新纪元；第二件你们俩从前都有小孩子脾气，爱吵嘴，现在完全成人了，希望全变成大人样子，处处互相体贴，造成终身和睦安乐的基础。这两种希望，我想总能达到的。近来成绩如何，我盼望在没有和你们见面之前，先得着满意的报告。

你们游历路程计画如何？预定约某月可以到家？归途从海道抑从陆路？想已有报告在途。若还未报告，则得此信时，务必立刻回信详叙，若是西伯利亚路，尤其要早些通知我，当托人在满洲里招呼你们入国境。

你们回来的职业，正在向各方面筹画进行（虽然未知你们自己打何主意），一是东北大学教授，一是清华学校教授，成否皆未可知（东北为势最顺，但你们去也有许多不方便处，若你能得清华，徽音能得燕京，那是最好不过了）。思永当别有详函报告。另外还有一件“非职业的职业”——上海有一处大藏画家庞莱臣，其家有唐（六朝）画十余轴，宋元画近千轴，明清名作不计其数，这位名老先生六十多岁了，我想托人介绍你拜他门（已托叶葵初），当他几个月的义务书记，若办得到，倒是你学问前途一个大机会。你的意思如何？亦盼望到家以前先用信表示。

你们既已成学，组织新家庭，立刻须找职业，求自立，自是正办，但以现在时局之混乱，职业能否一定找着，也狠是问题。我的意思，一面尽人事去找，找得着当然最好，找不着也不妨，暂时随缘安分，徐待机会。若专为生计独立之一目的，勉强去就那不合适或不乐意的职业，以致或贬损人格，或引起精神上苦

痛，倒不值得。一般毕业青年中大多数立刻要靠自己的劳作去养老亲，或抚育弟妹，不管什么职业得就便就，那是无法的事。你们算是天幸，不在这种境遇之下，纵令一时得不着职业，便在家里跟着我再当一两年学生（在别人或正是求之不得的），也没什么要紧。所差者，以徽音现在的境遇，该迎养他的娘娘才是正办，若你们未得职业上独立，这一点狠感困难。但现在觅业之难，恐非你们意想所及料，所以我一面随时替你们打算，一面愿意你们先有这种觉悟，纵令回国一时未能得相当职业，也不必失望沮丧。失望沮丧，是我们生命上最可怖之敌，我们须终身不许他侵入。

《中国宫室史》诚然是一件大事业，但据我看，一时狠难成功，因为古建筑什九被破坏，其有现存的，因兵乱影响，无从到内地实地调查，除了靠书本上资料外（书本上资料我有些可以供给你，尤其是从文字学上研究中国初民建筑，我有些少颇有趣的意见，可惜未能成片段，你将来或者用我所举的例，继续研究得有更好的成绩），只有北京一地可以着手（幸而北京资料不少，用科学的眼光整理出来，也狠够你费一两年工作）。所以我盼望你注意你的副产工作——即《中国美术史》。这项工作，我狠可以指导你一部分，还可以设法令你看见许多历代名家作品。我所能指导你的，是将各派别提出个纲领，及将各大作家之性行及其时代背景详细告诉你，名家作品家里头虽然藏得狠少（也有些佳品为别家所无），但现在故宫开放以及各私家所藏，我总可以设法令你得特别摩挲研究的机会，这便是你比别人便宜的地方。所以我盼望你在旅行中便做这项工作的预备。所谓预备者，其一是

多读欧人美术史的名著，以备采用他们的体例。关于这类书认为必要时，不妨多买几部；其二是在欧洲各博物馆、各画苑中见有所藏中国作品，特别注意记录。

回来时立刻得有职业固好，不然便用一两年工夫，在著述上造出将来自己的学术地位，也是大佳事。

你来信总是太少了，老人爱怜儿女，在养病中以得你们的信为最大乐事，你在旅行中尤盼将所历者随时告我（明信片也好），以当卧游，又极盼新得的女儿常有信给我。

四月廿六日 爹爹

清华教授事或有成功的希望，若成功（新校长已允力为设法），则你须要开学前到家，届时我或有电报催你回来。

廿八日又书

与思顺书

你瞧着该怎么办便怎么办

[1928年4月28日]

两个月没有亲笔写“孩子们”的信，你们只怕望眼将穿了。好在思永、达达们的信不少，你们对于我的体子，当可放心。现在最好的消息，是血球已增至四百二十万，便血虽未全止，比从前总是清得狠多。此外精神极旺盛，胃口极好，不必多说。

报告婚礼情形，各信都收到了，在不丰不俭之间，办得极庄严极美丽，正合吾意。现在又预备新人到家谒祖时的热闹了，届时再报告你们。

这回经济上的筹画供给，全亏了希哲，只是太劳苦他了。我真是当了老太爷，你们这些弟弟妹妹们，得着这样的姊夫姊姊，也太便宜了。

你来信说从七月起将家用全部担任，这却不必，以现在情形论，本年内家用尚狠有敷余，现在家用折中尚存四千元左右，一两月内尚有其他股息可收，商务印书馆售书收入亦尚有，所以一直到本年年底，还用不着你们接济。若将钱寄回来，倒无安放之处（稳妥），不如留在外边生利。我的意思最好是你们将所拟寄回接济家用之款留起来，算借给你们作为资本（例如你预备每月寄回二百金，你便按月将这二百金当款存储，算是借给你们，不用计息，将来把本钱归还便是。如此则半年内你们亦得千二百金资本，一年得二千四百资本，岂不是可以帮助许多吗），你们也借此作些少营业，弥补在外的亏空，如此一举两得，岂非最好。将来若家里需要接济时，预先一两个月告诉你们便得了。

保险费全数只有三万三千元，除扣除借款外，只有一万六千八百余元，收到后当即汇来，所汇只能有美金八千。

外交部索欠事，已函罗钧任，尚未得复。此次恐怕无效，因为最近各机关收入都归所谓“政费委员会”者管理，外部还能否有特别通融之路，殊不敢知。

庄庄暑期内特别用费可即付，以后凡这类事，你全权办理，不必来问，徒费时日，或者我懒得写信时，便耽误了。总之，我

的孩子个个都不会浪费，你做姊姊的，尤其会斟酌支配，你瞧着该怎么办便怎么办，我无不同意，何必常常来麻烦我呢。

这信到时，计算着你快要分娩了，我正天天盼平安喜电哩，我也极望添一个孙女儿，得电后即命名寄去。

要说的话狠多，一时想不起来，先把这几张纸寄去罢。

四月廿八日　爹爹

与思顺书

我生性爱管闲事，尤其是对于你们的事

[1928年5月4日]

思顺：

三日前一短信，想收到，外部索欠恐绝对的无办法，因为这一两年来外部全靠船钞收入挹注，现在船钞已由南方截留净尽，部中已干瘪，你们别要再指望罢。

关于思成职业问题，你的意见如何？他有点胡闹，我在几个月以前，已经有信和他商量，及此他来信一字不提（根本就来信太少），因此我绝不知他打何主意，或者我所替他筹画的事，他根本不以为然，我算是白费心了。这些地方，他可谓少不更事，朋友们若是关心自己的事，替自己筹画，也应该急速回信给他一个方针，何况尊长呢（他不愿以自己的事劳我的思虑，也是他的孝心，但我既已屡屡问及他，总要把他意旨所在告诉我才是）？我生性爱管闲事，尤其是对于你们的事，有机会不能不助一臂之

力，但本人意思如何，全未明白，那真难着手了。你去信关于这些地方，应该责备他教导他一下。

五月四日　爹爹

与思成书

不过我看见有机会不能放过，姑且替你预备着一条路罢了

[1928年5月4日]

思成：

你的清华教授闻已提出评议会了，结果如何，两三天内当知道。此事全未得你同意，不过我碰有机会姑且替你筹划，你的主意何在？来信始终未提（因你来信太少，各事多不接头），论理学了工程回来当教书匠是一件极不经济的事，尤其是清华园，生活太舒服，容易消磨志气，我本来不十分赞成，朋友里头丁在君、范旭东都极反对，都说像你所学这门学问，回来后应该约人打伙办个小小的营业公司，若办不到，宁可在人家公司里当劳动者，积三两年经验打开一条生活新路。这些话诚然不错，以现在情形论，自组公司万难办到（恐必须亏本。亏本不要紧，只怕无本可亏。且一发手便做亏本营业，也易消磨志气）。你若打算过几年吃苦生涯，树将来自立基础，只有在人家公司里学徒弟（这种办法你附带着还可以跟着我做一两年学问，也狠有益），若该公司在天津，可以住在家里，或在南开兼些钟点。但这种办法为你们计，现在最不方便者是徽音不能迎养其母。若你得清华教授，

徽音在燕大更得一职，你们目前生活那真合适极了（为我计，我不时到清华，住在你们那里也极方便）。只怕的是“晏安鸩毒”，把你们远大的前途耽误了。两方面利害相权，全要由你们自己决定。不过我看见有机会不能放过，姑且替你预备着一条路罢了。

东北大学事也有几分成功的希望，那边却比不上清华的舒服（徽音觅职较难），却有一样好处——那边是未开发的地方，在那边几年，情形熟悉后，将来或可辟一新路。只是目前要捱相当的苦。还有一样——政局不定（这一着虽得清华也同有一样的危险），或者到那边后不到几个月便根本要将计画取消。

以上我只将我替你筹划的事报告一下，你们可以斟酌着定归国时日。

五月四日　爹爹

与思顺书

阖家争观，皆大欢喜

[1928年5月5日]

思顺：

婚礼照片今日收到，阖家争观，皆大欢喜。新郎新妇皆光彩动人，思成自照一片丰腴俊秀，尤令我观之不厌，前次对于彼体子之忧念消释大半了。但你何以忽然苍老到如此（你照相时像是动了一下），令我有一点点不大高兴。此信到时，计正在你娩身前后，切盼你十二分善养，以慰老怀。

庄庄狠丰泽可爱，但样子大变，几乎认不得了。

三个孙子都极有趣，斐儿酷像他爸爸，瞻儿和新郎一比，真是“外甥似舅”了，桂儿越长越美了，他们三个那种高兴样子，像是比新人还得意。

五月五日　爹爹

与思成书

我颇不愿汝消磨于彼中，谅汝亦同此感想

[1928年5月8日]

思成：

昨日杨廷宝来，言东北大学事，该大学理科学长高介清亦清华旧同学，该大学有建筑专系，学生约五十人，秋后要成立本科（前是预科），曾欲聘廷宝，渠不能往（渠在基泰公司），荐汝自代，薪俸月二百八十元，总算甚优。**廷宝谓奉天建筑事业极发达，而工程师无一人，汝在彼任教授，同时可以组织一营业公事房，立此基础，前途发展不可限量。**渠甚望汝先往开辟，渠将来尚思与汝打伙云云（津、沪等处业此者多难与竞争）。我虽未得汝同意，已代汝应允矣。惟该系既属创办，汝之聘或即是该系主任，故开学前应有许多准备，故盼汝最迟能以阳历八月十号前到家乃好。已别发一电促归（今日寄清华，叫思永英译），恐不明白，故急发此信。

清华事亦已提出评议会，惟两事比较，似东北前途开展之路更大，清华园是“温柔乡”，我颇不愿汝消磨于彼中，谅汝亦同此感想。

归期既如此匆促，则非走西伯利亚铁路不可，车期定后，务必发一电来，我当托哈尔滨中国银行或浙江兴业银行特派一人往满洲里招呼入境（电中须声明日期）。我或在北戴河车站迎汝。

我身子极好，便血几将肃清，勿念！

五月八日　爹爹

与顺儿书

你们弟兄姊妹个个都争气

[1928年5月13日]

顺儿：

昨日电汇美金八千，又另一电致思成，想皆收。

保险费共得三万三千，除去借款外，万六千余恰好合八千金寄坎，营业资本拟即从此截止。此后每月尚有文化基金会还我从前保单押款五百元，至明年二月乃满，但此款暂留作家用，不寄去了。

在寄去资本总额中，我打算划出三千或五千金借给你们营业，俾你们得以维持生活，到将来营业结束时，你们把资本还我便是了。因为现在思成婚礼既已告成，美中无须特别用款，津中家用现在亦不须仰给于此，有二万内外资本去营业，所收入已狠够了，你在外太刻苦，令我有点难过，能得些贴补，少点焦虑，我精神上便增加愉快。

此信到时，计算你应该娩身了，我正在天天盼望平安喜电哩。你和忠忠来信，都说“小加儿”，因此我已经替他取得名字

了，大名叫做“嘉平”，小名就叫“嘉儿”，不管是男是女，都可用（若是男孩，外国名可以叫做查理士）。新近有人送我一方图章，系明末极有名的美术家蓝田叔（《桃花扇》中有他的名字）所刻“嘉平”两字，旁边还刻有黄庭经五句，刻手极精，今随信寄去，算是公公给小嘉儿头一封“利是”。

思成（目前）职业问题，居然已得解决了。清华及东北大学皆请他，两方比较，东北为优，因为那边建筑事业前途极有希望，到彼后便可组织公司，从小规模办起，徐图扩充，所以我不等他回信，迳替他做主辞了清华就东北聘约了（清华太舒服，会使人懒于进取）。你谅来也同意吧。但既已应聘，九月开学前须到校，至迟八月初要到家，到家后办理庙见大礼，最少要十天八天的预备，又要到京拜墓，时日已不大够用了。他们回闽省亲事，只怕要迟到寒假时方能举行。

庄庄今年考试，纵使不及格，也不要紧，千万别要着急，因为他本勉强进大学，实际上是提高（特别）了一年，功课赶不上，也是应该的。你们弟兄姊妹个个都能勤学向上，我对于你们功课绝不责备，却是因为赶课太过，闹出病来，倒令我不放心了。

看你们来信，像是觉得我体子异常衰弱的样子，其实大不然。你们只要在家里看见我的样子，便放下一千万个心了。你们来信像又怕我常常有忧虑，以致损坏体子，那更是误看了。你们在爹爹膝下几十年，难道还不知道爹爹的脾气吗？**你们几时看见过爹爹有一天以上的发愁，或一天以上的生气？我关于德性涵养的功夫，自中年来狠经些锻炼，现在越发成熟，近于纯任自然了，我有极通达极**

健强极伟大的人生观，无论何种境遇，常常是快乐的，何况家庭环境，件件都令我十二分愉快。你们弟兄姊妹个个都争气，我有什么忧虑呢？家计虽不宽裕，也并不算窘迫，我又有什么忧虑呢？

此次灌血之后，进步甚显著，出院时医生说可以半年不消再灌了。现在实行“老太爷生活”，大概半年后可以完全复原（现在小便以清为常态，偶然隔十天八天小小有点红，已成例外了），你们放一万个心罢。

时局变化甚剧，可忧正多，但现在也只好静观，待身子完全复原后，再作道理。

北戴河只怕今年又去不成，也只好随缘。天津治安秩序想不成问题，我只有守着老营不动。

爹爹　五月十三日

忠忠要小嘉儿做干儿子，和老白鼻商量不通，他说他是海军大将，要四个小兵，正缺短一个，等着小嘉儿补缺呢！

与思成、徽音书

用点心做去，可成为极有价值的作品

[1928年5月14日]

思成、徽音：

近日有好几封专给你们的信，由姊姊那边转寄，只怕到在此信之后。

你们沿途的明信片尚未收到，巴黎来的信已到了，那信颇有文学的趣味，令我看着狠高兴。我盼望你们的日记没有间断。日记固然以当日做成为最好，但每日参观时跑路极多，晚间疲倦，欲全记甚难，宜记大略而特将注意之点记起（用一种特别记忆术），备他日重观时得以触发续成，所记范围切不可宽泛，专记你们共有兴味的那几件——美术、建筑、戏剧、音乐便够了，最好能多作“漫画”。你们两人同游有许多特别便利处，只要记个大概。将来两人并着覆勘原稿，彼此一谈，当然有许多遗失的印象会复活，许多模糊的印象会明了起来。

能做成一部“审美的”游记也算得中国空前的著述。况且你们是蜜月快游，可以把许多温馨芳洁的爱感，迸溢在字里行间，用点心做去，可成为极有价值的作品。

东北大学和清华都议聘思成当教授，东北尤为合适，今将孝同来书寄阅——杨廷宝前几天来面谈，所说略同。关于此事，我有点着急，因为未知你们意思如何，但机会不容错过（多少留学生回来找不着职业，所以机不可失），我已代你权且答应东北（清华拟便辞却），等那边聘书来时，我径自替你收下了。

时局变化剧烈，或者你们回来时，两个学校都有变动，也未可知，且不管他，到那时再说，好在你们一年半载不得职业也不要紧。

但既就教职，非九月初到校不可，欧游时间不能缩短，狠有点可惜。而且无论如何赶路，怕不能在开学前回福州了。只好等寒假再说。关于此点，我狠替徽音着急。又你们既决就东北，则

至迟八月初非到津不可，因为庙见大礼万不能不举行。举行必须你们到家后有几天的预备才能办到。庙见后你们又须入京省墓一次，所以在京津间最少要有半个月以上的工夫。

赶路既如此忙迫，不必把光阴费在印度洋了。只好走西伯利亚吧。但何日动身、何日到本国境，总要先二十来天发一电来，等我派人去招呼，以免留滞。

我一月来体子好极了，便血几乎全息，只是这一个多月过“老太爷生活”，似乎太过分些，每天无所事事，恰好和老白鼻成一对。

今天起得特别早，太阳刚出，便在院子里徘徊，“绿荫幽草胜花时”，好个初夏天气也。

五月十四日　爹爹

与思成书

我觉得为你前途立身计，东北确比清华好

[1928年6月10日]

昨日得电，问清华教什么，清华事有变动，前信已详，计日内当到，所以不复电，再用信补一下。

前在清华提议请你，本来是带几分勉强的，我劝校长增设建筑图案讲座，叫你担任，他狠赞成，已经提出评议会。闻会中此类提案甚多，正付审查未表决，而东北大学交涉已渐成熟。我觉得为你前途立身计，东北确比清华好（所差者只是参考书不如北

京之多），况且东北相需甚殷，而清华实带勉强。因此我便告校长，请将原案撤回，他曾否照办，未可知，但现在已不成问题了。清华评议会许多议案尚未通过，新教习聘书一概未发（旧教习契约满期者亦尚未续发），而北京局面已翻新，校长辞职，负责无人，下学期校务全在停顿中。该校为党人所必争，不久必将全体改组，你安能插足其间？前议作罢，倒反干净哩。

现在剩下的是东北问题。那方面本来是略已定局的，但自沈阳炸弹案发生后，奉天情形全在混沌中，此间也不能得确实消息，恐怕奉天不能安然无事的。下学期东北能否开学，谁也不敢说，现在只得听之。大约一个月内外，形势也可判明了。**当此乱世，无论何种计画都受政治波动，不由自主，你回来后职业问题有无着落，现在也不敢说了。这些情形，我前信早已计及，想你也已有觉悟和准备。**

东北大学情形如何，虽未定局，但你仍以八月前赶回最好。那时京、奉交通能否恢复，未可知（现在不通），你若由铁路来，届时绕大连返津，亦无不可。

在国境上若无人往接，你到哈尔滨时，可往浙江兴业银行或中国银行接洽。

北京图书馆寄去买书费，闻只五十镑，甚为失望。该款寄伦敦使馆交你，收到后即复馆中一信（北海公园内北京图书馆，非松馆也），为要。

六月十日　爹爹

与思顺书

我想有志气的孩子，总应该往吃苦路上走

[1928年6月19日]

思顺：

这几天天天盼你的安电，昨天得到一封外国电报以为是了，打开来却是思成的，大概三五天内，你的好消息也该到哩。

天津这几天在极混乱极危急中，但住在租界里安然无事，我天天照常的读书顽耍，却像世外桃源一般。

我的病不知不觉间已去得无影无踪了，并没有吃药及施行何种治疗，不知怎样竟自自己会好了。中间因着凉，右膀发痛（也是多年前旧病），牵动着小便也红了几天，膀子好后，那老病也跟着好了。

近日最痛快的一件事，是清华完全摆脱，我要求那校长在他自己辞职之前先批准我辞职，已经办妥了。在这种形势之下，学生也不再来纠缠，我从此干干净净，虽十年不到北京，也不发生什么责任问题，精神上狠是愉快。

思成回来的职业，倒是问题，清华已经替他辞掉了，东北大学略已定局，惟现在奉天前途极混沌，学校有无变化，殊不可知，只好随遇而安罢，好在他虽暂时不得职业，也没甚要紧。

你们的问题，早晚也要发生，但半年几个月内，怕还顾不及此，你们只好等他怎么来怎么顺应便是了。

我这几个月来生活狠有规则，每天九时至十二时、三时至五时做些轻微而有趣的功课，五时以后照例不挨书桌子，晚上总是十二点以前上床，床上看书不能免，有时亦到两点后乃睡着，但早上仍起得不晚。

以上两纸几天以前写的，记不得日子了。

十九日记

三天前得着添丁喜安电，阖家高兴之至，你们盼望添个女孩子，却是王姨早猜定是男孩子，他的理由说是你从前脱掉一个牙，便换来一个男孩，这回脱两个牙，越发更是男孩，而且还要加倍有出息，这些话都不管他。这个饱受“犹太式胎教”的孩子，还是男孩好些，将来一定是个陶朱公。

这回京津意外安谧，总算万幸，天津连日有便衣队滋扰，但闹不出大事来，河北狠遭殃（曹武家里也抢得精光），租界太便宜了。

思永关在北京多天，现在火车已通，廷灿、阿时昨今先后入京，思永再过两三天就回来，回来后不再入京，即由津准备行程了。

王姨天天兴高采烈的打扮新房，现在竟将旧房子全部粉饰一新了（全家沾新人的光），这么一来，约也花千元内外。

奉天形势虽极危险，但东北大学决不至受影响，思成聘书已代收下，每月薪金二百六十五元（系初到校教员中之最高额报酬）。那边建筑事业将来有大发展的机会，比温柔乡的清华园强多了。但现在总比不上在北京舒服，不知他们夫妇愿意不（尚未得他信，他来信总是狠少）。我想有志气的孩子，总应该往吃苦路上走。

思永准八月十四由哈尔滨动身，九月初四可到波士顿，届时决定抽空来坎一行。

家用现尚能敷衍，不消寄来，但日内或者须意外之费五千元，亦未可知（因去年在美国赔款额内补助我一件事业，原定今年还继续一年，若党人不愿意，我便连去年的也退还他），若需用时，电告你们便是。

我的旧病本来已经好清楚了两个多月，这两天内忽然又有点发作（但狠轻微），因为批阅清华学生成绩，一连赶了三天，便立刻发生影响，真是逼着我做纯粹的老太爷生活了。现在功课完全了结（对本年的清华总算全始全终），再好生将养几天，一定会复元的。

六月十九日　爹爹

与孩子们书

和我们家的孩子像同一个模型铸出来

[1928年8月22日]

孩子们：

新人到家以来，全家真是喜气洋溢。初到那天看见思成那种风尘憔悴之色，面庞黑瘦，头筋涨起，我狠有几分不高兴。这几天将养转来，狠是雄姿英发的样子，令我越看越爱。看来他们夫妇体子都不算弱，几年来的忧虑，现在算放心了。新娘子非常大方，又非常亲热，不解作从前旧家庭虚伪的神容，又没有新时髦的讨厌习气，和我们家的孩子像同一个模型铸出来。所以全家人的高兴，就和庄庄回家来一般，连老白鼻也是一天挨着二嫂不肯离去。

我辞了图书馆长以后，本来还带着一件未了的事业，是编纂《中国图书大辞典》，每年受美国庚款项下津贴五千元。这件事我本来做得津津有味，但近来廷灿屡次力谏我，说我拖着一件有责任的职业，常常工作过度，于养病不相宜。我的病态据这大半年来的经验，养得好便真好，比许多同年辈的人都健康；但一个不提防，却会大发一次，发起来虽无妨碍，但经两三天的苦痛，元气总不免损伤。所以我再四思维，已决意容纳廷灿的忠告，连这一点首尾，也斩钉截铁的辞掉。本年分所领津贴已经退还了（七月起），去年用过的五千元（因为已交去相当的成绩），论理原可以不还，但为省却葛藤起见，打算也还却。现在定从下月起，每月还二百元，有余力时便一口气还清。你们那边营业若有余利时，可替我预备这笔款，但不忙在一时，尽年内陆续寄些来便得。

八月廿二日　爹爹

与思顺书

我太爱替亲爱的人管闲事、担忧虑

[1928年9月2日]

顺儿：

十天前在礼目上写了一大堆话，当信寄去，想已收。十天内连得你两封信，极高兴。

果然不出你所料，思成到家后第二天，我的病又发了，发得狠厉害，血块比前两回都多，好在时间短，不到一天已好了。虽然有小小发烧，睡了两天，却没有误了庙见。吉期那天的欢喜热闹，前信都讲过了。

你七月三十日信谈到你们的事，依我看只要你们不走，政府不会换人的。若是在马尼拉或新加坡便不敢说，你们那地方没有人打主意，纵令政府另派人，他连川资也拿不出来给人，那人也断不会自掏腰包跑去。还有一层，纵使有新人来接替你们，房子是自己的，顶多把领事馆挂牌卸下来，让他自找房子。你们爱在坎京住多时便住多时，不过把天津的二百五十元留支没有了而已。此外更无他事，有什么难解决呢？南京政府乱七八糟，一年内外更不会谈到换领事等事（尤其是没有收入的领事馆），我绝对地不愿意和你们现在的长官说话（这人再讨厌可鄙没有了），连间接托人说也不愿意，你们最好是当作没这回事，一切还是照自己原定计画做去便得了。

我太爱替亲爱的人管闲事、担忧虑，生性如此，无可如何。你二叔的事大抵可以马马虎虎蝉联下去（钱现在是照常领）若干时，但我真有点怄他的气，五十多岁的弟弟要老哥哥领他几手，像领老白鼻一样，自己什么事都不动，以下该如何打出一条生路（本来狠难，但虽难也不得不想法），他也不去努力。我真是爱莫能助了。七叔没有多大问题，或者南开中学就可得一席，不然等几个月也不相干。姑丈靠你妈妈十几年替他积存的几千块钱，现在倒真是救命了。

希哲回来做生意，没有第二个地方比东三省再好了。思成已经先在那边栽下一个根子，你们将来更方便了。在未回以前倒有些可以预备的事，他们现在决意开放门户，招纳外资，但须避免日本的捣乱，不能不想“暗度陈仓”那法子，现在他们决意办垦务（先从北满办起），想和美国人借农具，因为开垦最主要的资本就是农具（那边是大农制度，与美国从前情形同），借钱会惊动小鬼耳目，赊农具却没有话说，赊得几百万块钱的农具（合同可以定宽些，头一年二三百万），局面便立刻成立了。若有人好生接洽美国的农具工厂，谅来没有不欢迎，他们正要办这件事（昨天晚上罗钧任从奉天来才和我谈起），我想希哲在那边若有门路不妨兜揽这件事，目前既可以得相当的佣钱，以后和垦务发生关系，发展的机会更不知多少。还有北满的森林，若有材木公司想合办也是有办法的，这些话我告诉你们留意，你们若能找着投资的人，我这边总有信介绍。东三省现在决定采不管关内的方针，照此下去十年，生产力发达不可限量，这些话不妨替他宣传。

奉天又打我的主意，想设一个国学研究院（规模比清华大多了），找我去办，可惜我现在的身体是不能答应的。就令我高兴，你们也未必许我去，只盼望一年后能完全复原，脱离现在的“老太爷生活”才好。再谈。

思成入京十日，今晨才回。

思永现时想已在大西洋船上了。

九月二日　爹爹

与顺儿书

我平常想你还自可，每到病发时便特别想得厉害

[1928年10月12日]

顺儿：

九月六日、九日书同日到（九日的却早到几点钟）。希哲那位贵长官竟自有这一手，也颇出我意外，再一想他是要替新贵腾新加坡缺，潮尾卷到坎拿大亦毫不足怪，李骏谅未必肯来别派人：若那人耳目稍灵，知是赔钱地方亦当裹足不前，你们还是爱住多少时，便住多少时也。我一星期前正去信劝希哲和贵部长断绝来往，关起大门，料理自己的事。你九日来信所言正不谋而合，只管去一信索盘费，索不着以后可绝对的不理会矣。现在所谓国民政府者，收入比从前丰富得多（尤其关税项下），不知他们把钞弄到那里去了，乃至连使馆馆员留支都克扣去。新贵们只要登台三五个月，就是腰缠十万，所谓廉洁政府，如是如是。希哲在这种政府底下做一员官，真算得一种耻辱，不过一时走不开，只得忍耐。他现在撵你们走，真是谢天谢地。

写到这里，阿永由坎发来的信也到了，忠忠也有一封信来（阿永伦敦信和给八爷的信片也是昨天到）。两天内连接五六封信，真高兴。

我平常想你还自可，每到病发时便特别想得厉害，觉得像是若顺儿在旁边，我向他撒一撒娇，苦痛便减少许多。但因为你事

实上既未能回家，我总不愿意说这种话。现在好了，我的顺儿最少总有三五年依着我膝下，还带着一群可爱的孩子——小小白鼻接上老白鼻——常常跟我玩。我想起八个月以后家里的新生活，已经眉飞色舞了。

你们回来，何必急于在津买房子呢？卖了斐岛房产，当然该用来添做资本去另辟你们的新路，新房子现租给中原公司，几乎连半价的租钱——百二十元——都纳不起（工商局都要照三百六十元收营业税），常常拖欠一两个月，我们早已决意要收回了。催搬不下十数次，王搏沙只是死赖着，交情上只得放松时日。他本来答应年内必搬出，拟和他再切实订明，再不能过明年三月了。收回后却是不能租给别家，因为许多书放在房内，所以横竖总是空着。你们回来在那边住，不是最合式吗？我早打算那新房子，留着给你们姊妹弟兄——已结婚的——回来省亲的轮流着住，有时两个以上同时回来，也可以够住。将来那边常有人住，不空着，便是我最大的快乐。你当老姊姊的，便做带头马，先住他三两年，岂不好极吗（思成他们回家自有他们现在收拾得狠好那两间房子）？希哲性情是闲不住的，回来不到两三个月，怕就要往外跑——为营业计，也该早去觅机会——跑出去做生意。只怕一年到头在家的时候也不能多，你带着几个孩子，何必另起炉灶，又费钱又费事呢。

回来后生意托给信托公司处分最好，一切由你们全权办理便得。最好是你们动身以前这几个月中，若有机会，把庄庄来年学费和永、庄两人回国川资都弄妥，交给他们。但数目太大，一时怕弄

不够，那么交给信托公司办理，亦未尝不可。一切由你们斟酌自定。

今年家用略为差点，能有二三千回来便极好，否则我自有法子对付过去。

前信曾谈及怕生意闪手，现在风浪已过，大放心了，想七八月间，你们狠着急罢。

思成说你们吃得太坏，我和全家人都不以为然。宁可别的节省，吃得坏会伤身子，于孩子尤不相宜。虽只有几个月，希望你们还是改良些。

姑丈（全家）已回南了，二叔事情可握到年底（以后一点办法没有），七叔在南开教书，倒甚好。十四舅还是闲着，常常要我设法子，我实在爱莫能助，奈何。

十月十二日 爹爹

与思成书

再有余力不妨在交际上稍注意

[1928年10月17日]

思成：

这回上协和一个大当。他只管医痔，不顾及身体的全部，每天两杯泻油，足足灌了十天（临退院还给了两大瓶，说是两礼拜继续吃，若吃完了非送命不可），把胃口弄倒了。也是我自己不好，因胃口不开，想吃些异味炒饭、腊味饭，乱吃了几顿，弄得胃肠一塌糊涂，以致发烧连日不止（前信言感冒误也）。人

是瘦到不像样子，精神也狠委顿，现由田郁医治，狠小心，不乱下药，只是叫睡着（睡得浑身骨节酸痛），好容易到昨今两天热度才退完，但胃口仍未复原，想还要休息几日。古人谓“有病不治，常得中医”，到底不失为一种格言了。好在还没有牵动旧病。每当热度高时，旧病便有窃发的形势，热度稍降，旋即止息，像是勉强抵抗相持的样子。

姊姊和思永、庄庄的信都寄阅。姊姊被撵，早些回来，实是最可喜的事。我在病中想他，格外想得厉害，计算他们在家约在阳历七月，明年北戴河真是热闹了。

你营业还未有机会，不必着急，安有才到一两月便有机会找上门来呢？只是安心教书，以余力做学问，再有余力（腾出些光阴）不妨在交际上稍注意，多认识几个人。

我实在睡床睡怕了，起来闷坐，亦殊苦，所以和你闲谈几句。但仍不宜多写，就此暂止罢。

十月十七日　爹爹

徽音的信，我懒得回他了。你去信最要紧叫他到上海时电告船期，塘沽登岸无人接，甚是不妥。

附录

北海谈话记

反观现在的学校，多变成整套的机械作用：上课下课，闹得头昏眼花；进学校的人，大多数除了以得毕业文凭为目的以外，更没有所谓意志，也没有机会做旁的事情，有志的青年们，虽然不流于这种现象，也无从跳出圈套外。于是改造教育的要求，一天比一天迫切了。我这两年来清华学校当教授，当然有我的相当抱负而来的：我颇想在这种新的机关之中，掺和着旧的精神。吾所理想的，也许太难不容易实现：我要想把中国儒家道术的修养来做底子，而在学校功课上把他体现出来。在已往的儒家各个不同的派别中，任便做那一家，那都可以的，不过总要有这类的修养来打底子；自己把做人的基础，先打定了。吾相信假定没有这类做人的基础，那么做学问并非为自己做的。至于智识一方面，固然要用科学方法来研究，而我所希望的是：科学不但应用于求智识，还要用来做自己人格修养的工具。这句话怎么讲呢？例如当研究一个问题时，态度应如何忠实，工作应如何耐烦，见解要如何独立，整理组织应如何合理而且细密……凡此之类，都一面求智识，同时一面即用以磨炼人格，道德的修养，与智识的推求，两者打成一片。现世的学校，完全偏在智识一方面，而老先生又统统偏在修养一边，又不免失之太空了；所以要斟酌于两者之间。我所最希望的是：在求智识的时候，不要忘记了我这种做学问的方法，可以为修养的工具；而一面在修养的时候，也不是

参禅打坐的空修养，要如王阳明所谓在“事上磨炼”。

事上磨炼，并不是等到出了学校入到社会才能实行，因为学校本来就是一个社会，除方纔所说用科学方法作磨炼工具外，如朋友间相处的方法，乃至一切应事接物，何一不是我们用力的机会。我狠痴心，想把清华做这种理想的试验场所。但照这两年的经过看来，我的目的，并非能达到多少。第一个原因，全国学风都走到急功近利及以断片的智识相夸耀，谈到儒家道术的修养，都以为迂阔不入耳，在这种氛围之下，想以一个学校极少数人打出一条血路，实在是不容易。第二件，清华学校自有他的历史，自有他的风气，我不过是几十位教员中之一位，当未约到多数教员合作以前，一个人很难为力的。第三件，我自己也因智识方面嗜好太多，在堂上讲课与及在私室和诸君接谈时，多半也驰惊于断片的智识，不能把精神集中于一点。因为这种原因，所以两年来所成就，不能如当初的预期。

我对于同学诸君，尤其万分抱歉。大学部选修我的功课的，除了堂上听讲外，绝少接谈的机会，不用说了，就是在研究院中，恐怕也不能不令诸君失望。研究院的形式，很有点像道尔顿制的教育，各人自己研究各人的嗜好，而请教授指导指导。老实说，我对于任何学问，并没有专门的特长，所以对于诸同学的工作，中间也有我所知道的，我当然很高兴地帮帮他们的忙；也许有我们同学的专门工作，比我还做得好，这倒不是客气话。外国研究院中的教授，于很隘小的范围内的学问，他真个可以指导研究，而除此隘小范围以外，他都不管；而我今日在研究院中的地

位，却是糟了！同学以为我什么都懂得，所以很亲密地天天来请教我；而我自己觉得很惭愧，没有充分帮助。不过，虽然如此，而我的希望，仍然很浓厚着，仍努力继续下去。什么希望呢？假定要我指导某种学问的最高境界，我简直是不能，可以说：我对于专门学问深刻的研究，在我们同事诸教授中，谁都比我强，我谁都赶不上他；但是，我情愿每天在讲堂上讲做学问的方法。或者同学从前所用的方法不十分对，我可以略略加以纠正。或者他本来已得到方法，而我的方法，可以为相当的补助。这一点，我在智识上对于诸同学可以说是有若干的暗示；也许同学得到我这种的暗示，可以得到作学问的路，或者可以加增一点勇气。

还有一点：我自己做人，不敢说有所成就；不过直到现在，我觉得还是天天想向上。在人格上的磨炼及扩充，吾自少到现在，一点不敢放松。对于诸同学，我不敢说有多少人格上的感化，不过我总想努力，令不至有若干恶影响到诸同学。诸同学天天看我的起居，谈笑，各种琐屑的生活，或者也可以供我同学们相当的暗示或模范。大家至少可以感觉到这一点：我已有一日之长，五十余岁的人，而自己训练自己的工作，一点都不肯放过，不肯懈怠；天天看惯了这种样子，也可以使我们同学得到许多勇气。所以我多在校内一年，我们一部同学，可以多得一年的熏染，则我的志愿，已算是不虚了。

现在中国的情形，糟到什么样了！将来如何变化？谁也不敢推测。在现在的当局者，那一个是有希望的？那一个帮派是有希望的？那么中国就此沉沦下去了吗？不！决不的！如果我们这样想，

那我们便太没有志气、太不长进了！现在的一般人，做的不好，固然要后人来改正；就是现在一般人，做的很好，也要后人来继续下去。现在学校的人，当然是将来中国的中坚；然而现在学校里的人，准备了没有？准备什么样来担任这个重大的责任？智识才能，固然是要的；然而道德的信仰——不是宗教——是断然不可少的。现在时事，糟到这样，难道是缺乏智识才能的缘故么？老实说：甚么坏事情，不是智识才能分子做出来的？现在一般人，根本就不相信道德的存在，而且想把他留下的残余，根本去划除。

我们一回头，看数十年前，曾文正公那般人的修养。他们看见当时的社会也坏极了，他们一面自己严厉的约束自己，不跟恶社会跑，而同时就以这一点来朋友间相互勉厉，天天这样琢磨着，可以从他们往来的书札中考见。一见面，一动笔，所用以切磋观磨规劝者，老是这么样坚忍，这么样忠实，这么样吃苦、有恒、负责任……这些话看起来是很普通的，而他们就只用这些普通话来训练自己。不怕难，不偷巧，最先从自己做起，立个标准，扩充下去，渐次声应气求，扩充到一班朋友，久而久之，便造成一种风气，到时局不可收拾的时候，就只好让他们这班人出来收拾了。所以曾（国藩）、胡（林翼）、江（忠源）、罗（泽南），一般书呆子，居然被他们做了这样伟大的事业，而后来咸丰以后风气，居然被他们改变了，造成了他们做书呆子时候的理想道德社会了。可惜江公、罗公，早死一点，不久胡公也死了，单剩曾文正公，晚年精力也衰了。继曾文正公者，是李文忠公（鸿章）。他就根本不用曾胡罗诸人的“道德改造”政策，而

换了他的“功利改造”政策。他的智力才能，确比曾文正公强；他专奖励一班只有才能不讲道德的人物。继他而起的，是袁项城（世凯），那就变本加厉，明目张胆的专提拔一种无人格的政客作他的爪牙，天下事就大糟而特糟了。顾亭林《日知录》批评东汉的名节，数百年养成不足，被曹操一人破坏之而有余，正是同出一辙呀。

李文忠公，功名之士；以功名为本位，比较以富贵为本位的人，还算好些。再传下去，便不堪设想了，“其父杀人报仇，其子必且行劫”；袁项城就以富贵为本位了！当年曾胡江罗以道德、气节、廉耻，为提倡的成迹，遂消灭无遗。可怜他们用了大半世的功力，象有点眉目了，而被李文忠公以下的党徒，根本划除一点也不留，无怪数十年来中国的内乱便有增无已了。一方面又从外国舶来了许多什么党、什么派、什么主义……譬如孙中山先生，他现在已死了，我对他不愿意有甚么苛论，且我对于他的个人，也有相当的佩服，孙中山比袁项城总算好得多了。不过，至少也是李鸿章所走的一条路。尤其是他的党派见解：无论甚么样的好人，不入他的党，多得挨臭骂；无论甚么坏东西，只要一入他的党，立刻变成了很好的好人。固然，国民党的发达，就是靠这样投机者之投机；而将来的致命伤，也都尽在这般人之中，这句话似乎可以断定吧？

现在既然把甚么道德的标准，统统破坏无遗；同时，我们解剖现代思想的潮流，就不出这二股范围之外，一是袁世凯派，二是孙中山派，而一方面老先生们，又全不知挽救的方法，天天空

讲些礼教，刚刚被一般青年看做笑话的数据而瞧不起他。我们试看曾文正公等，当时是甚么样修养的？是这样的么？他们所修养的条件：是甚么样克己，甚么样处事，甚么样改变风气……先从个人、朋友、少数人做起，诚诚恳恳，脚踏实地，一步一步做去；一毫不许放松，我们读曾氏的《原才》，便可见了。风气虽坏，自己先改造自己，以次改造我的朋友，以及朋友的朋友，找到一个是一个，这样继续不断的努力下去，必然有相当的成功。假定曾文正、胡文忠迟死数十年，也许他们的成功是永久了；假定李文忠、袁项城也走这一条路，也许直到现在还能见这种风气呢！

然而现在的社会，是必须改造的！不改造他，眼看他就此沉沦下去，这是我们的奇耻大辱！但是谁来改造他？一点不客气，是我辈！我辈不改造，谁来改造？要改造社会，先从个人做人方面做去，以次及于旁人，一个，二个，……以至千万个；只要我自己的努力不断，不会终没有成绩的。江、罗诸公，我们知道他是个乡下先生，他为什么有这样伟大的事业？在这一点上，我对于诸同学，很抱希望：希望什么？希望同学以改造社会风气为各人自己的责任。

至于成功么？是不可说的。天地一日没有息；我相信我们没有绝对成功的一日。我们能工作一部分，就有一部的成迹，最怕是不做。尤其我们断不要忘了这句话：社会坏，我们切不要“随其流而扬其波，哺其糟而啜其醴”。不然，则社会愈弄愈坏，坏至于极，是不堪设想的。至少我有一分力量，要加以一分的纠正。至于机会之来不来，是不可说的；但是无论有没有机会，而

我们改善社会的决心的责任，是绝对不能放松的。所以我希望我们同学不要说：“我的力量太小”，或者说：“我们在学校里，是没有工夫的。”实际上，只要你有多少力量，尽多少责任就得。至于你无论在什么地方，总是社会的一分子，你也尽一分子的力，我也尽一分子的力，力就大了。将来无论在政治上，或教育上，或文化上，或社会事业上……乃至其他一切方面，你都可以建设你预期的新事业，造成你理想的新风气，不见得我们的中国就此沉沦下去的。这是对于品格上修养的话。

至于智识上的修养——在学问著述方面，改造自己，那么因我个人对于史学有特别兴趣，所以昔时曾经发过一个野心，要想发愤重新改造一部中国史。现在知道，这是绝对不是一个人的力量所可办到的。非分工合作，是断不能做成的。所以我在清华，也是这个目的：希望用了我的方法，遇到和我有同等兴味的几位朋友，合起来工作，忠实的切实的努力一下。我常常这样地想：假定有同志约二三十人，用下二三十年工夫，终可以得到一部比较好的中国史。我在清华二年，也总可说已经得到几个了；将来或聚在一块，或散在各方，但是终有合作的可能。我希望他们得我多少暗示的帮助，将来他们的成绩比我强几倍。

归纳起来罢！以上所讲的有二点：

（一）是做人的方法——在社会上造成一种不逐时流的新人。

（二）是做学问的方法——在学术界上造成一种适应新潮的国学。

我在清华的目的如此，虽不敢说我的目的，已经满足达到，而

终已得了几个很好的朋友，这也是使我自己可以安慰自己的一点。

今天，是一年快满的日子了，趁天气清和时候约诸同学在此相聚，我希望在座的同学们，能完全明了，了解这二点——做人，做学问——而努力向前干下去呀！

还有与朋友之间，最好是互相劝导切磨，所谓“相观而善”。一个人生平不得到一个很好的朋友，他的痛苦，比鳏寡孤独还难过；但是朋友可以找出来的，还可以造出来的。我去改造他，他来改造我。一方面可以找朋友，一方面可以造朋友。所以无论何人，终该要有朋友的，然而，得好朋友，是何等不容易啊？得到了朋友，要看古人对于朋友如何的劝磨，如何的规正；最少不要象现在“功利派”利害的结合：因了一点无聊的纠葛，或者互相团结，或者互相闹翻，日后想起来，只有可笑，没有话说。我情愿我们同学中永远不会发生因一点无聊的事情，而感情发生裂痕，类似这一类的事实。我情愿吾们同学大家以至诚相待，不忘了互相改造与策勉，亲密到同家人父子兄弟一样，那是何等痛快！因为朋友是很难得的，日后散了，回想当时聚在一起做学问的快活，是不能再得的了！

我今天所讲的话，很无伦次，本来不过既然约诸位到此地来玩，随便谈谈罢了。不过，总可算是很真挚的话。

原载丁卯（1927年）初夏《清华学校研究院同学录》